AF466439

DEUXIÈME SUPPLÉMENT

AU

RÉSUMÉ ANALYTIQUE

DES

LOIS ET RÉGLEMENTS

DES DOUANES,

PAR

M. FASQUEL,

INSPECTEUR DES FINANCES, CHEVALIER DE LA LÉGION D'HONNEUR.

PRIX : { 2e SUPPLÉMENT . . . . . . 2 fr. 50 c.
RÉSUMÉ ET 1er SUPPLÉMENT. 10 50 }

A PARIS,

Chez RENARD, à la Librairie du Commerce, rue Sainte-Anne, 71;

A BORDEAUX,

Chez LAWALLE neveu, Libraire, allées de Tourny, 20.

1838

PARIS, IMPRIMERIE DE PAUL DUPONT ET Cie,
RUE DE GRENELLE-SAINT-HONORÉ, N° 55.

AVERTISSEMENT.

En publiant aujourd'hui le *deuxième Supplément au Résumé analytique des lois et réglements des douanes* (1), je continue à remplir l'engagement que j'ai contracté.

La législation se trouve ainsi conduite au 1er janvier 1838.

Indépendamment des lois, ordonnances, décisions et circulaires qui ont paru en 1837, le deuxième Supplément contient un grand nombre de décisions particulières qui n'avaient pas d'abord été indiquées, parce qu'elles ne se trouvaient pas dans la collection générale. Quelques additions assez importantes ont aussi été faites; les chapitres relatifs aux *importations* et aux *exportations favorisées par des traités* ont été complétés; ceux concernant les *réimportations* et la *pêche de la morue* ont été augmentés, etc.

L'ouvrage s'est donc assez sensiblement amélioré.

C'est au moyen de ces additions successives, que le *Résumé* doit finir par former, en peu de temps, un tout à peu près complet des dispositions actuellement applicables. Le concours aussi obligeant qu'éclairé qui m'est prêté m'aidera à remplir cette tâche.

La liaison entre l'ouvrage et sa suite se trouve établie par l'indication, à côté du numéro d'ordre du présent Supplément, de l'article du Résumé, ou du Ier Supplément, qui se trouve modifié, changé ou augmenté de dispositions nouvelles. Là où l'on s'est borné à citer *l'article*, c'est celui du *Résumé* que l'on a voulu indiquer. Afin d'éviter la confusion, une seule série de numéros a été adoptée pour les *Suppléments;* c'est par cette raison que le premier article du deuxième Supplément prend le numéro 426, au lieu du numéro 1er.

Quoique ce deuxième Supplément ait beaucoup d'étendue, le prix de la souscription est resté au taux primitivement fixé.

---

(1) Le *Résumé* et le *premier Supplément* se trouvent chez Renard, libraire, rue Sainte-Anne, 71. Prix : 10 fr. 50 c.

DEUXIÈME SUPPLEMENT

AU

RÉSUMÉ ANALYTIQUE

DES LOIS ET RÈGLEMENTS

DES DOUANES.

TITRE II.

PLACEMENT DES POSTES ET BUREAUX.

MAISONS ET TERRAINS NÉCESSAIRES AU SERVICE.

426 — 30. Lorsque des circonstances particulières ou l'intérêt du service exigent que des maisons et emplacements loués par baux soient remis aux propriétaires, l'indemnité à accorder à ces derniers, aux termes de la loi, est réglée suivant l'usage des lieux; elle représente ordinairement le prix de six mois de loyer, indépendamment du terme courant. (*Arrêté du* 17 *février* 1803; *circ. du* 23 *avril suiv.*)

427 — 30. L'indemnité due en cas de déplacement de postes et bureaux doit être réglée, autant que possible, de gré à gré avec le propriétaire; mais si l'arrangement ne se conclut pas, il est signifié un acte par lequel l'administration déclare à ce propriétaire qu'elle lui fait la remise du local, et offre de lui payer, outre le terme courant, six mois de loyer. (*Circ. du* 23 *avril* 1803.)

Bâtiments militaires.

428 — 34 *bis*. L'administration des douanes ne doit pas de loyer pour les corps-de-garde ou autres bâtiments qui lui sont temporairement cédés et qu'elle affecte aux besoins de son service. (*Déc. du min. de la guerre du* 22 *octobre* 1834.)

TITRE III.

ÉTABLISSEMENT DES DROITS ET PERCEPTION.

Règles générales.

429 — 49. On ne doit user de la faculté d'établir le poids d'un chargement de houille *par le tonnage*, qu'autant que la multiplicité des opérations du port ne permet pas de

procéder au mesurage et au pesage ; dans ce cas, le chef local inscrit sur le permis l'autorisation de se contenter du jaugeage. (*Déc. admin. du* 25 *septembre* 1828.)

Amendes et confiscations.

430 — 63 *bis*. Dans toutes les matières de douanes qui ne sont pas réglées par le Code pénal, la cumulation des amendes est permise et doit être réclamée. (*Arrêt de cass. du* 14 *avril* 1837; *circ.* 1617.)

Responsabilité des agents des douanes.

431 — 65. L'action à exercer envers l'administration, même en matière de responsabilité purement civile, ne peut être intentée contre un préposé des douanes, sans l'autorisation préalable du gouvernement. (*Jug. du trib. civil d'Hazebrouck du* 15 *juillet* 1837 ; *circ. du* 19 *octobre suiv., n°* 1657.)

Revendications.

432 — 67. En cas de faillite d'une personne qui a fait la *soumission pour la mise en entrepôt*, ou la *déclaration pour la consommation*, la main-mise de la douane, en cas de faillite du propriétaire légal, pour le paiement des droits, est inattaquable. Un acte de cession opposé par un tiers pour opérer la revendication, ne peut empêcher la saisie-arrêt de recevoir son exécution. (*Jug. du trib. civil de Marseille du* 2 *août* 1837 ; *circ. du* 5 *octobre suiv., n°* 1653.)

433 — 68. Après les titres cités, ajouter : Voir n° 466 et suivants.

Duplicata des expéditions.

434 — 70. Les directeurs n'autorisent la délivrance des duplicata des expéditions de douanes, que pour ce qui peut concerner la partie qui a agi en douane. Dans tout autre cas une ordonnance du juge est nécessaire. (*Inst. admin.*)

Registres.

435—71. Les receveurs des douanes ne peuvent disposer d'aucun des registres dont il a été fait usage dans leur bureau, ou dont ils sont dépositaires, qu'après en avoir obtenu l'autorisation. (*Circ. du* 28 *octobre* 1828, *n°* 825.)

Nota. La circulaire du 2 août 1827, n° 1057, donne la nomenclature des registres qu'il faut conserver en dépôt et de ceux qui peuvent être livrés au domaine pour être vendus au profit du trésor.

436—71. Les agents supérieurs de l'administration des contributions directes peuvent compulser les registres des receveurs des douanes, afin de découvrir les individus qui se livreraient à des opérations commerciales sans être pourvus de patente. (*Circ. des* 30 *octobre* 1828, *n°* 1131, *et* 14 *novembre* 1836, *n°* 1579.)

La même facilité est accordée aux employés supérieurs de l'enregistrement et des domaines, pour rechercher si des droits n'ont pas été éludés à l'égard des mutations de propriété des navires. (*Circ. du* 21 *juillet* 1837, *n°* 1639.)

Pétitions et mémoires.

437—72. Les pétitions adressées aux directeurs sans être revêtues de timbre, doivent être renvoyées aux pétitionnaires avec une note énonçant qu'il ne peut être donné suite à leurs demandes.

Sont soumises au timbre:

1° Les lettres des préposés des douanes tendant à obtenir une pension ou un supplément de pension;

2° Les pétitions des militaires qui demandent des places dans les brigades des douanes;

3° Les demandes en remboursement des droits irrégulièrement perçus;

4° Les réclamations faites par MM. les pairs et députés dans leur intérêt particulier.

Sont exempts du timbre :

1° Les lettres des pensionnaires des douanes ayant pour objet de demander des renseignements ou des paiements d'arrérages de leurs pensions;

2° La correspondance des chambres de commerce;

3° Les lettres de recommandation adressées par MM. les pairs et députés dans l'intérêt des tiers. (*Circ. du* 9 *juin* 1829, *n°* 1167.)

TITRE IV.

POLICE DES COTES ET FRONTIÈRES.

VISITE DES BATIMENTS.

438—86. Les bâtiments espagnols *au dessous de* 100 *tonneaux* sont soumis à la visite des préposés des douanes dès la remise du manifeste. Il n'y a que pour les navires de 100 *tonneaux et au dessus* que cette visite peut être différée jusqu'après le délai de 8 jours, qui est accordé aux capitaines pour rectifier leurs déclarations. (*Conv. de* 1769; *circ. du* 15 *janvier* 1816, *n°* 100.)

Nota. Le consul doit être averti, afin qu'il puisse assister à la visite de la douane.

CIRCULATION DANS LES DEUX MYRIAMÈTRES.

439—117 *bis.* On peut considérer comme introduits en fraude, et saisir à *l'importation*, des chevaux ou des bestiaux, lorsqu'il y a absence d'expédition qui autorise la circulation et que le fait de l'importation peut être matériellement démontré. (*Jug. du trib. civil de Rocroy du* 22 *février* 1837; *circ. du* 23 *mars* 1837, *n°* 1614.)

Tenue des registres.

440—117 *bis.* Tous les registres à souche, d'acquits de paiement, d'acquits-à-caution, de passavants, etc., dont il est fait usage dans les bureaux frontières, doivent être arrêtés chaque soir au dos du dormant de la dernière expédition délivrée. (*Circ. du* 19 *novembre* 1802.)

441—117 *ter.* Les expéditions qui sont extraites des registres que désigne l'article qui précède, doivent être revêtues de deux signatures. Là où il n'existe qu'un seul employé, le préposé de brigade placé près du bureau signe en second avec le receveur. (*Même circ.*)

Poursuite de la fraude.

442—120. Les marchandises que les préposés, étant en embuscade, ont vu sortir du rayon, et qu'ils ont suivies sans interruption jusqu'à un bâtiment de l'intérieur où les porteurs les ont momentanément entreposées, sont valablement saisies quand les préposés s'en sont emparés au moment de leur sortie de ce dépôt; ce fait, légalement constaté au procès-verbal, suffit pour constituer la poursuite *à vue*. (*Arrêt de cass. du 11 février* 1837; *circ. du* 18 *mars suiv.*, *n°* 1609.)

Vérification des marchandises.

443—125. Lorsqu'à la suite d'une déclaration pour laquelle un passavant est demandé, le vérificateur constate l'absence de la marchandise déclarée, il y a lieu, contre le déclarant, à l'application de l'amende de 500 francs prononcée par l'article 15 de la loi du 7 juin 1820; la même peine est encourue si, à la place d'un colis déclaré contenir des marchandises, on présente un colis vide. (*Déc. admin. du* 4 *mars* 1837.)

TITRE V.

IMPORTATIONS PAR MER.

Manifeste.

444—144 *bis*. Il est accordé huit jours aux capitaines des navires espagnols, pour rectifier les déclarations qu'ils ont remises à la douane à leur arrivée en France, mais seulement autant que les marchandises se trouvent à bord de navires de 100 *tonneaux et plus*, et que ces marchandises ne sont pas de l'espèce de celles prohibées à l'importation dans le royaume. (*Conv. de* 1768, *art.* 4 *et* 5; *lettre au directeur de Bayonne*, *du* 9 *avril* 1836.)

445—147 *bis*. Lorsque, par suite d'une omission de marchandises à un manifeste représenté par un capitaine, un procès-verbal a été rédigé au préjudice de ce capitaine, les marchandises et le navire doivent être retenus pour sûreté des condamnations encourues. (*Loi du* 22 *août* 1791, *titre II*, *art.* 4; *loi du* 4 *germinal an* 2, *titre II*, *art.* 2; *arrêté de cass. des* 11 *floréal an* 9 *et* 28 *pluviose an* 12, *et déc. administ. du* 14 *août* 1837.)

COURTIERS.

446—159. Les courtiers-interprètes commissionnés peuvent, seuls, suppléer les capitaines ou armateurs lorsque ceux-ci n'agissent pas par eux-mêmes, sauf, toutefois, les exceptions faites en faveur de consuls des nations avec lesquelles il existe des traités. (*Voir n°* 448 *des Supp.*; *lettre administ. du* 5 *mai* 1836.)

447—159. Un courtier de navires français ne peut servir d'interprète dans les déclarations ou autres actes à faire en douane, par des capitaines étrangers. (*Lettre admin. du* 4 *février* 1834.)

INTERVENTION DES CONSULS.

448—159 *bis*. Plusieurs consuls sont autorisés à assister les capitaines, à leur servir d'interprètes, de traducteurs, à leur tenir lieu, en un mot, de courtiers. Les agents qui jouissent de cette faculté sont :

Les consuls espagnols. (*Conv. du* 2 *janvier* 1768, *art.* 6.)

Les consuls mecklenbourgeois. (*Ordonn. du* 19 *septembre* 1836; *circ n°* 1567.)

Les consuls boliviens. (*Ordonn. du* 26 *juillet* 1837; *circ. du* 29 *août suiv.*, *n°* 1647.)

Les consuls brésiliens. (*Ordonn. du* 4 *octobre* 1826, § 3; *circ. n°* 1014.)

Les consuls vénézuéliens et grenadins. (*Ordonn. du* 5 *juin* 1834.)

Nota. Les consuls brésiliens et les consuls espagnols peuvent être représentés soit par un chancelier, soit par un vice-consul ayant l'un et l'autre mission directe de leur gouvernement. (*Circ. n°* 1014.)

CHAPITRE II *bis.* — MARCHANDISES ADMISES TEMPORAIREMENT.

Règles générales.

449—160 *bis.* Des ordonnances royales peuvent autoriser, sauf révocation en cas d'abus, l'importation temporaire de produits étrangers destinés à être fabriqués ou à recevoir en France un complément de main-d'œuvre, et que l'on s'engage à réexporter ou à rétablir en entrepôt dans un délai qui ne peut excéder six mois et en remplissant les conditions déterminées. (*Loi du* 5 *juillet* 1836, *art.* 5) (*Voir n°* 22, 1er *Supplément.*)

Admission des foulards.

450—160 *bis.* Les tissus de soie dits *foulards écrus*, destinés à l'impression pour l'étranger, peuvent être importés en franchise de droits, à charge d'être réexportés ou mis en entrepôt, dans un délai de trois mois. (*Ordonn. du* 13 *mai* 1837; *circ. du* 27, *n°* 1624.)

Port d'admission et de réexportation.

451—160 *bis.* Les tissus admis temporairement ne peuvent être importés que par les ports de Marseille, Bordeaux, Nantes, le Havre, Rouen, Dunkerque, Boulogne et Calais, et par les bureaux de Lille, Forbach, Strasbourg, Saint-Louis et le pont de Beauvoisin. Ils peuvent aussi être retirés des entrepôts de Paris et Lyon, où ils seraient arrivés par la voie du transit.

Leur réexportation doit s'effectuer par les mêmes ports et bureaux. (*Ordonn. du* 13 *mai* 1837, *art.* 4, *et déc. minist. du* 13 *juin suiv.*, *circ. du* 27 *mai*, *n°* 1624.)

Déclaration et vérification.

452—160 *bis.* Les pièces de foulards doivent, sous les peines de droit, être déclarées à la douane, par *nombre*, *mesure* et *poids net.* Chaque déclaration doit comprendre le nombre de pièces faisant l'objet d'une seule expédition et d'une même réexportation. (*Même ordonn., art,* 2 *et circ. n°* 1624.)

Dans la vérification à laquelle il est procédé, le poids net doit toujours être constaté, par la soustraction matérielle des emballages. (*Circ. précitée.*)

Estampilles.

453—160 *bis.* La douane appose une estampille à chaque bout de pièce, et délivre un acquit-à-caution pour assurer la réexportation des tissus, après, toutefois, que le soumissionnaire et sa caution se sont engagés solidairement, sous les peines édictées par l'article 5 de la loi du 5 juillet 1836, à faire ressortir les mêmes pièces, pesant ensemble le même poids et donnant la même mesure. (*Même ordonn. du* 13 *mai* 1837, *art.* 3, *et circ. n°* 1624.)

454—160 *bis.* La douane est chargée de fournir ce qui est nécessaire à l'application de l'estampille; elle reçoit pour chacune, de l'expéditeur, 10 centimes. Ce produit est porté en recette, et réparti dans la forme prescrite pour la recette du plombage. (*Circ. du* 27 *mai* 1837, *n°* 1624.)

Expéditions délivrées.

455—160 *bis*. L'acquit-à-caution délivré pour assurer la réexportation des foulards doit indiquer le nombre et le poids des pièces, le bureau désigné pour en effectuer la réexportation ou l'entrepôt destiné à le recevoir; il rappelle les engagements souscrits solidairement par l'expéditeur et sa caution, ainsi que les amendes éventuellement exigibles aux termes de l'article 5 de la loi du 5 juillet 1836. (*Circ. du* 27 *mai* 1836, *n°* 1624.)

RAPPORTS DE MER.

456—161. Le rapport de mer que doit faire, à la douane, le capitaine d'un navire, pour divers cas déterminés (*voir n°* 161 *du Résumé*), a lieu aussi lorsqu'il s'agit d'obtenir des immunités accordées à certaines provenances, afin de justifier que le navire vient *directement* du lieu indiqué par ses expéditions. (*Lettre admin. du* 27 *décembre* 1833.)

457—166. La rétribution à percevoir pour l'expédition des rapports de mer est maintenue à 1 fr. 50 c. par rôle; mais chaque rôle doit avoir vingt-cinq lignes à la page, et quinze syllabes à la ligne. Il est donné quittance, au pied de chaque expédition, de la somme reçue. Il ne peut, d'ailleurs, être fait aucun abonnement pour ces sortes d'actes. (*Circ. du* 27 *juillet* 1837, *n°* 1641.)

DÉCLARATION DES CONSIGNATAIRES.

458—170. Toute infraction relativement à la remise que doivent faire les consignataires au bureau de la douane, d'une déclaration détaillée de leurs marchandises, et aux indications que cette déclaration doit offrir, doit être constatée par un procès-verbal. (*Lettre admin. du* 25 *mars* 1837.)

459—176. La déclaration à faire, à leur arrivée dans un port, par les passagers d'un bâtiment lorsqu'ils ont avec eux des *marchandises*, est indépendante des formalités concernant les *vêtements neufs* et autres effets à l'usage des voyageurs; ces vêtements et effets suivent le régime établi par l'ordonnance du 2 juin 1834. (Voir n° 310 des Suppléments.) (*Circ. du* 5 *juin* 1834, *n°* 1442.)

Laines.

460—180. Les déclarations relatives à l'importation des laines ne doivent pas seulement énoncer la valeur par *kilogramme;* les déclarants sont tenus aussi d'indiquer s'il s'agit de laines *en masse,* ou s'il est question de laines *peignées*, l'ordonnance du 2 juillet 1834 établissant un droit différent pour ces deux espèces. (*Ordonn. du* 2 *juillet* 1834.)

Déclaration non remise.

461- 188. Il y a, quant aux déclarations non fournies à la douane, une distinction à établir par le receveur, entre les marchandises à retenir, parce que la déclaration n'a pas été produite, et celles qui ont été abandonnées pour ne pas payer les droits. La vente de celles-ci ne peut pas être différée. (Voir n° 479 et suiv. du Résumé. (*Lettre admin. du* 14 *mai* 1836.)

TRANSPORTS PAR ALLÉGES.

462—204. Lorsqu'il s'agit de marchandises transbordées des navires à bord des alléges, et réciproquement, sur la Loire entre Paimbœuf et Nantes, ces marchandises ne sont accompagnées que d'un simple permis. Ce permis est délivré gratis. Il n'y a lieu à la délivrance d'un acquit-à-caution qu'autant que le manifeste du navire importateur indique que la marchandise est en vrac ou en grenier (*Lettre admin. des* 2 *septembre* 1817 *et* 6 *juillet* 1829.)

Objets à diriger sur Paris.

463—219. et 114 des Supp. Les objets arrivant dans les ports ou bureaux, et qui sont adressés au ministre de la marine, ou qui sont destinés au Jardin du Roi, ne sont soumis ni au double emballage ni au double plombage. (*Circ. manusc. du* 30 *août* 1822.)

Fausses déclarations.

464—227. Aux titres cités dans cet article on doit ajouter :

Au 2e § après titre II : art. 20.
Au 3e § : art. 18.
Au 4e § : art. 22.
Au 6e § : art. 21.
Au 8e § : art. 11.

PRÉEMPTIONS.

465—229 *bis*. Lorsqu'une préemption a été déclarée, il en doit être *immédiatement* rédigé procès-verbal, et cet acte lui-même doit être aussitôt signifié à qui de droit.

Le receveur est tenu, à peine de nullité, d'apposer sa signature au procès-verbal contenant l'offre de paiement. (*Arrêt de cass. du* 19 *mars* 1835 ; *lettre admin. du* 22 *décembre* 1837.)

466—239. La déclaration par laquelle l'administration prend à son compte l'adjudication d'une marchandise avariée doit être signifiée et à l'officier public qui a procédé à la vente, et à chacun des adjudicataires dépossédés ou à leurs fondés de pouvoirs.

Il convient, à cet effet, que la condition imposée à toute personne qui se présente pour surenchérir, d'élire domicile dans le lieu où se poursuit la vente si elle n'y est pas domiciliée réellement, soit toujours insérée dans le cahier des charges. (*Instr. admin. du* 16 *septembre* 1837 ; *circ. n°* 1648.)

TARE DES EMBALLAGES.

Tare réelle.

467—240. Lorsque ce sont des *thés* que l'on importe, la douane peut, si elle le juge convenable, établir le poids *net effectif* d'après le poids reconnu de quelques colis. (*Déc. admin. du* 12 *septembre* 1813.)

Les employés peuvent aussi, pour les *sucres de Bourbon,* constater la tare par la pesée à nu du contenu de quelques colis, mais sous la réserve de soumettre, chaque fois, cette opération à l'approbation de l'administration. (*Déc. adm. du* 1er *mars* 1821.)

468—242. La tare réelle ne doit, dans aucun cas, être établie dans les magasins du commerce. (*Lettre admin. du* 26 *juillet* 1820.)

469—244. A l'égard des sacs de réglisse soumis à la vérification, on peut faire entrer dans le calcul de la tare le poids des feuilles de laurier et d'arbousier. (*Déc. admin. du* 17 *mai* 1832.)

Les fers feuillards servant de ligaments aux balles de laine et de coton doivent être considérés comme partie intégrante de l'emballage. (*Lettre admin. du* 20 *mai* 1836.)

470—247. L'exemption du droit d'entrée, sur les emballages ou récipients, dont on ferait usage pour faciliter la pesée en douane des marchandises en vrac (n° 63 du 1er Supp.) n'est pas accordée pour les marchandises qui sont exportées (*Lettre adm. du* 16 *mars* 1837.)

RESTRICTIONS AUX IMPORTATIONS.

Tonnage des navires.

471—254. Les marchandises prohibées importées par le port de *Nantes* peuvent arriver dans ce port par navires de 60 tonneaux et plus. (*Lettre adm. du* 12 *mai* 1832.)

Bureaux ouverts à l'importation de certaines marchandises.

472—256. Il y a exception à la défense d'importer, autrement que par des ports d'entrepôt, les marchandises désignées par l'article 22 de la loi du 28 avril 1816, pour les restes de provisions de voyage qui sont débarqués à Paimbœuf jusqu'à la concurrence de 600 kilogrammes par navire. (*Déc. admin. des* 24 *février et* 13 *juillet* 1818.)

473—72 1er *Suppl. Nota.* L'ordonnance du 31 octobre 1836 a été confirmée par celle du 25 juillet 1837.

Les dispositions de l'article 72 du 1er Suppl. doivent être placées après l'art. 69 et non après l'art. 71.

Fils de laine.

474—260 *bis.* Les fils de laine longue et peignée, retors à un ou plusieurs bouts, dégraissés et grillés, sont admis à l'entrée, en payant les droits, par le seul port de *Calais*, pour être dirigés, sous plomb et par acquit-à-caution, sur la douane de Paris, chargée de reconnaître les caractères sus-indiqués.

Les fils de laine importés sont revêtus, par la douane de Paris, d'une marque distinctive propre à les faire reconnaître. (*Ordonn. du* 25 *juillet* 1837; *circ. du* 1er *août suivant, n°* 1645.)

Vins d'Espagne.

475—260 *bis.* Les vins d'Alicante et de Bénicarlo de la dernière récolte, importés directement ou réexpédiés par mer des ports de *Marseille*, *Cette* et *Agde*, peuvent être admis à Nantes aux conditions prescrites par l'art. 1er de la loi du 17 décembre 1814 (1). (*Ordonn. du* 25 *juillet* 1827, *art.* 8; *circ. du* 2 *août suivant, n°* 1645.)

IMPORTATIONS FAVORISÉES PAR DES TRAITÉS (2).

NAVIRES ANGLAIS.

476—73 *des Suppl.* Les marchandises importées en France par navires anglais des ports du Royaume-Uni et de ses possessions en Europe n'acquittent, à leur entrée, que les droits dont ces marchandises sont passibles lorsqu'elles arrivent par navires français. (*Traité du* 26 *janvier* 1826, *art.*5; *ordonn. du* 8 *février suivant, et circ. n°* 979.)

---

(1) C'est-à-dire assurer la destination exclusive de ces vins pour *Bordeaux* ou *Marseille*, et justifier de l'emploi en mélanges avec des vins de France.

(2) Des traités de commerce et de navigation existent avec l'*Espagne*, l'*Angleterre*, les *États-Unis d'Amérique*, le *Brésil*, le *Mecklenbourg*, la *République de Vénézuela*, les *Etats de Grenade*, et la *Bolivie*. Les exceptions faites aux réglements en faveur de ces divers pays sont rapportées dans ce recueil aux titres et chapitres où elles doivent naturellement être indiquées; ainsi, on les trouvera aux chapitres: *Importations favorisées par des traités, visite des bâtimens, Droits de tonnage, Naufrages, Courtiers, Consuls.*

Les produits de l'*Asie*, de l'*Afrique* et de l'*Amérique*, chargés dans les ports de la domination britannique en Europe, par quelque navire que ce soit, anglais, français ou tiers-pavillon, ne sont pas admis à la consommation en France; ils sont seulement reçus en entrepôt pour la réexportation par mer et en transit. (*Traité du* 26 *janvier* 1826; *ord. du* 8 *février suiv.*)

La même restriction existe pour les produits d'Asie, d'Afrique et d'Amérique, apportés par navires anglais seulement, soit des ports d'Europe autres que ceux qui sont sous la domination britannique, soit des ports étrangers à l'Europe, à quelque puissance qu'ils appartiennent. (*Mêmes conv. et ordonn.*)

Sont soumis à la même restriction les produits d'Europe autres que ceux du Royaume-Uni et de ses possessions, qui seraient apportés par navires anglais d'ailleurs que des ports de l'Angleterre et de ses possessions en Europe. (*Mêmes conv. et ordonn.*)

477—73 *bis du suppl.* Les marchandises réputées d'Europe, mais qui ont leurs similaires dans d'autres parties du globe, ne peuvent, en venant directement des possessions britanniques en Europe, être admises à la consommation qu'autant que leur origine européenne est justifiée par un certificat régulier.

Il y a, toutefois, dispense de ce certificat pour les objets ci-après :

Acides: sulfurique, arsénieux, citrique, tartrique, oxalique, borique, benzoïque; cuirs de toute sorte, aiguilles, ancres en fer, bière, briques, câbles en fer, chromate de potasse, cotons filés n° 143 et au dessous, émeril en pierre, fers étirés de toute sorte, fils de chanvre et de lin, fonte en fer, houilles, litharge, machines et mécaniques, meules à moudre et à aiguiser; noirs : à souliers, animal, d'imprimeur, de fumée, minéral naturel; outils, plomb brut, soude, sulfate de magnésie, terre de pipe, toiles de lin ou de chanvre unies ou croisées, zinc. (*Déc. admin.*)

NAVIRES AMÉRICAINS.

478—73 *des Suppl.* Les droits d'importation à percevoir sur les produits naturels et manufacturés des États-Unis d'Amérique, apportés en France par des navires de cette puissance (1), sont les mêmes que ceux des marchandises semblables, importés des pays hors d'Europe, autres que de l'Inde, par navires français. (*Conv. du* 24 *juin* 1822; *ordonn. du* 3 *septembre suiv.*; *circ. n°* 1062.)

Nota. La circulaire n° 1062 indique les produits auxquels cette disposition est applicable.

Les produits de pêche non manufacturés ne participent pas au bénéfice établi par la convention de 1822. Ce bénéfice est refusé également au cuivre, au plomb et à l'étain, les États-Unis ne produisant aucun de ces métaux. (*Circ. du* 26 *septembre* 1827, *n°* 1062.)

Pour jouir de la modération des droits, il faut justifier de la provenance *directe* des marchandises, par un manifeste spécial du collecteur des douanes américaines, revêtu de la légalisation du consul de France. (*Voir les circ. nos* 753, 794, 830 *et* 945.)

Lorsque les marchandises ne paraissent pas provenir du sol ou des fabriques des États-Unis, on doit, en vertu de l'article 19 de la loi du 27 juillet 1822, recourir à l'expertise. (*Circ. des* 21 *septembre* 1826, *n* 1008, *et* 26 *septembre* 1827, *n°* 1062.)

(1) La circulaire n° 830 et le tarif font connaître comment on distingue le sucre et l'indigo du cru des États-Unis, de ceux d'autres provenances; le riz des États-Unis, de celui de l'Inde, les cotons, etc.

NAVIRES VÉNÉZUÉLIENS.

479—73 *bis des Suppl.* Les produits *naturels* et *manufacturés* de la république de Vénézuéla sont, comme ceux des États-Unis d'Amérique, exempts de la surtaxe de navigation, lorsqu'ils sont importés par des navires vénézuéliens; qu'ils arrivent *directement* en France, et qu'ils sont accompagnés de certificats d'origine annexés à un manifeste revêtu de la légalisation du consul français du port d'embarquement. (*Ordonn. du 5 juin* 1834; *circ. n°* 1465.)

Nota. Il faut suivre ici les dispositions prescrites pour les navires des états de l'Amérique méridionale avec lesquels nous avons des traités.

NAVIRES GRENADINS.

Sont exempts de la surtaxe de navigation à leur importation en France, les *produits naturels* et *manufacturés* de l'état de la Nouvelle-Grenade, lorsqu'ils arrivent *directement*, et qu'ils sont accompagnés d'un certificat d'origine régulier joint à un manifeste légalisé par le consul français du lieu de départ. (*Ordonn. du 5 juin* 1834; *circ. n°* 1465.)

Nota. On doit se conformer, pour les justifications, à ce qui est prescrit pour les navires des états de l'Amérique méridionale avec lesquels nous avons des traités.

NAVIRES BOLIVIENS.

480—73 *bis des Suppl.* Les produits du sol et de l'industrie de la Bolivie, importés *directement* des ports de la Bolivie ou du port péruvien d'Arica, et dont l'origine est régulièrement constatée, sont affranchis de la surtaxe de navigation qui affecte les navires étrangers. Ils paient les mêmes droits que s'ils arrivaient sur des bâtiments français. (*Ordonn. du 26 juillet* 1837; *circ. du 29 août suiv.*, *n°* 1647.)

Le *quinquina*, la *cascarille*, le *cacao*, le cuivre et l'étain ne paient, à leur entrée en France, pendant la durée du traité, lorsqu'ils sont transportés *directement* des ports de la Bolivie, que les droits en vigueur au moment où ce traité a été conclu. (*Idem.*)

Les produits ci-dessus doivent être accompagnés de certificats d'origine délivrés par la douane de la ville de La Paz ou du port d'embarquement. Ces pièces sont jointes, sous le sceau de la douane, au manifeste du chargement visé par l'agent consulaire, s'il y en a sur les lieux. (*Idem.*)

73 *bis des Suppl.* Les navires boliviens peuvent se rendre successivement dans les différents ports de France, pour y décharger partiellement les marchandises par eux apportées de l'étranger, et y prendre, de la même manière, leurs cargaisons de retour; mais tout cabotage leur est interdit. (*Ordonn. du 26 juillet* 1837; *circ. du 29 août suiv.*, *n°* 1647.)

NAVIRES BRÉSILIENS.

481—73 *bis des Suppl.* Tous les articles de production, manufacture et industrie, des sujets brésiliens, importés des ports du Brésil par navires brésiliens ou français, paient les droits qu'acquittent les mêmes objets importés par navires français venant des pays hors d'Europe. (*Ordonn. du 4 octobre* 1826 ; *circ. n°* 1014.)

Les navires brésiliens peuvent importer toute espèce de produits tarifés, à l'exception : 1° des articles de contrebande de guerre (l'article 21 du traité les désigne. Cette disposition n'est applicable qu'en cas de guerre); 2° des marchandises françaises, ou acquittées pour la consommation, qu'ils auraient chargées dans un autre port de France. (*Idem.*)

Pour jouir de la modération des droits, il faut : que la nationalité du navire soit établie, c'est-à-dire qu'il soit constaté que le navire appartient à un sujet brésilien, et que le capitaine et les trois quarts de l'équipage sont du même pays (1); qu'un acte de nationalité délivré par les autorités soit représenté; qu'il soit justifié que les marchandises ont été exportées *directement* du territoire brésilien pour le territoire de la France; que ces marchandises soient accompagnées de certificats d'origine délivrés par les agents des douanes du Brésil au port d'embarquement et visés par le consul ou le vice-consul dans le même port, ou, à défaut, par les autorités locales; enfin que les preuves d'origine soient présentées à la douane du port d'entrée avec la déclaration de mise en consommation. (*Ordonn. du* 4 *octobre* 1826; *circ. n°* 1014.)

NAUFRAGES ET ÉPAVES.

Intervention des consuls.

482—299. Les consuls boliviens sont autorisés, s'ils agissent en personne, à représenter, dans les naufrages des navires de leur nation, les propriétaires absents, et à diriger les opérations de concert avec les employés des douanes. (*Ordonn. du* 26 *juillet* 1837; *circ. du* 29 *août suivant, n°* 1647.)

Les consuls vénézuéliens et grenadins jouissent des mêmes avantages. (*Ordonn. du* 5 *juin* 1834; *circ. n°* 1465.)

Vente des marchandises naufragées.

483—312 *bis*. Des marchandises provenant de sauvetage, emmagasinées sous la clef de la douane et de la marine, que l'on avait d'abord crues saines et qui se trouvent avariées, peuvent, sur la déclaration qui en est faite à la douane avant la vente, et s'il est, d'ailleurs, reconnu que l'avarie provient d'un événement de mer, jouir du bénéfice de l'article 51 de la loi de 1818. Il est réservé à l'administration de statuer, lorsque des circonstances de cette nature se présentent. (*Déc. admin. du* 17 *mai* 1837.)

Contrebande sans armes.

484—331. On doit considérer comme *moyens de transport*, lorsqu'il y a lieu à la saisie de ces derniers, les marchandises autres que celles de contrebande qui ont pu servir à masquer les objets prohibés dont on voulait consommer l'introduction. La confiscation de ces marchandises doit, en pareil cas, être poursuivie. (*Arrêt de la cour royale de Metz du* 6 *septembre* 1337; *circ. du* 6 *novembre suivant, n°* 1661.)

485—333. Lorsque, dans une seule et même affaire, il y a deux délits distincts, savoir : le fait de contrebande et l'opposition ou le trouble apportés à l'exercice des fonctions des préposés, l'amende spéciale de 500 francs édictée par les lois des 22 août 1791 (art. 14, titre 13) et 4 germinal an 2 (art. 2, titre 4), pour le cas d'opposition à l'exercice des fonctions des agents des douanes, peut être cumulée avec celle que prononce, pour le fait de contrebande, l'article 51 de la loi du 28 avril 1816. (*Arrêts de cass. des* 21 *décembre* 1821 *et* 17 *décembre* 1831; *arrêt de la cour royale de Grenoble du* 9 *juin* 1836; *circ. du* 17 *mars* 1837, n° 1608; *jugement du tribunal de Douai du* 15 *avril* 1837; *circ. du* 1er *juin suivant, n°* 1626.)

---

(1) L'exécution de cette dernière clause a été suspendue.

AMENDES POUR FAITS DE FRAUDE ET DE CONTREBANDE.

486—341. Quand les faits de fraude ou de contravention constatés par un procès-verbal donnent lieu à des peines différentes, il doit être prononcé autant d'amendes qu'il y a de faits distincts de fraude, lorsque, surtout, chacun de ces faits entraîne une amende spéciale. La cumulation des amendes est permise dans toutes les matières non réglées par le Code pénal. (*Arrêts de la cour royale de Besançon du* 18 *janvier* 1837, *et de la cour royale de Metz du* 6 *septembre* 1837; *circ. des* 11 *avril* 1837, *n°* 1617, *et* 21 *octobre* 1837, *n°* 1659.)

487—341. Lorsque des voies de fait accompagnent la contrebande armée, il y a deux actions à intenter, l'une devant le tribunal correctionnel pour obtenir la confiscation des objets saisis et l'amende que prononce la loi; l'autre, devant la cour d'assises, par les soins du ministère public. (*Circ. du* 24 *février* 1832, *n°* 1307.)

488—341. Les amendes encourues par les contrevenants aux lois de douanes, que d'anciennes lois ont édictées en *livres*, doivent être prononcées en *francs* sans aucune réduction, ainsi que l'établissent, d'ailleurs, les lois des 18 germinal an 3 et 17 floréal an 7. (*Arrêt de la cour royale de Douai du* 29 *septembre* 1837; *circ. du* 26 *octobre suivant*, *n°* 1660.)

TITRE VI.

IMPORTATIONS PAR TERRE.

Présentation des marchandises au 1er bureau.

489—347. Les marchandises suivies sans interruption jusqu'à un bâtiment de l'intérieur où les porteurs les ont momentanément entreposées, sont valablement saisies quand les préposés s'en sont emparées au moment de ce dépôt. Ce fait, légalement constaté au procès-verbal, suffit pour constituer la *poursuite à vue*. (*Arrêt de cass. du* 11 *février* 1837; *circ. du* 18 *mars suivant*, *n°* 1609.)

Restrictions de bureaux.

490—417 *bis*. On peut importer du plâtre au minimum du droit d'importation, par les bureaux de *Rechesy* et de *Croix* (Haut-Rhin). (*Ordonn. du* 25 *juillet* 1837, *art.* 7; *circ. du* 2 *août suivant*, *n°* 1645.)

TITRE VII.

RÉIMPORTATIONS.

Règles générales.

491—421. Les marchandises nationales invendues à l'étranger, que l'on réintroduit en France, sont franches des droits ordinaires d'importation, mais elles acquittent le droit spécial fixé par la loi du 28 avril 1816. (*Voir n°* 426; *circ. du* 16 *juin* 1816, *n* 168.)

492—422 *bis*. Les demandes de réimportation faites à l'administration sont formées sur papier timbré. Elles doivent être accompagnées d'un extrait légalisé du registre d'envoi portant facture, et de l'acquit de sortie qu'a délivré le receveur des douanes. (*Lettre admin. du 14 janvier* 1818.)

493—425 *bis*. Lorsqu'une cargaison de marchandises, après avoir acquitté les droits d'exportation, est rapportée en France parce qu'elle n'a pu être vendue à l'étranger, il n'y a pas lieu à accorder le remboursement de la somme à laquelle s'élevaient ces droits. (*Déc. admin. du* 11 *juillet* 1832.)

Marchandises de primes.

494—425 *ter*. Si la marchandise dont le retour en franchise est reclamé, a joui, à sa sortie de France, du bénéfice de la prime d'exportation, son admission est subordonnée à la restitution, que doit faire le propriétaire, de la prime qui lui a été allouée. (*Observ. prélimin. du tarif, page* 50.)

Toutefois, quand l'acquit de paiement du droit de sortie est représenté, et que le vérificateur reconnaît l'identité de la marchandise avec celle sortie sans réserve de prime et sous la condition du tarif, le remboursement n'est pas exigé. (*Lettre au directeur de Bordeaux du* 29 *mars* 1830.)

Vins de Bordeaux.

495—425 *quater*. Les vins de Bordeaux, expédiés à l'étranger, sont susceptibles d'être admis au libre retour, aux conditions suivantes :

L'expédition ne doit pas remonter au delà de deux années.

La sortie primitive doit être constatée par la production d'un acquit de paiement revêtu d'un certificat de passage à l'étranger ou d'embarquement.

Il est prélevé, en présence des parties intéressées, sur chaque barrique, un échantillon d'une demi-bouteille, scellé du cachet de la douane; les échantillons de la même partie sont renfermés dans une caisse que l'on expédie sous plomb et par acquit-à-caution sur la douane de Bordeaux ; enfin l'acquit-à-caution exprime que les échantillons seront soumis à l'examen d'un jury formé sous la surveillance du préfet.

Les vins, en attendant la décision, peuvent être remis, moyennant soumission, aux consignataires. (*Déc. admin. du* 12 *juin* 1817.)

Échantillons.

496 - 426 *bis*. La rentrée, en franchise de droits, des échantillons qui ont été expédiés pour l'étranger, ne peut avoir lieu qu'autant que les formalités ci-après ont été remplies.

Avant d'en effectuer la sortie, les échantillons sont présentés à un bureau principal, avec une déclaration détaillée de leur *nombre* et de leur *espèce*. On ne reconnaît pour échantillons que les articles uniques, dépareillés ou incomplets.

Les échantillons doivent être assujétis à des cartes ou carnets, ou porter une étiquette, afin qu'on puisse y inscrire la spécification des objets, et le *visa* de la douane. On appose sur ces carnets ou étiquettes une marque de douane, soit timbre, plomb ou cachet.

Un double de la déclaration descriptive est conservé au bureau.

La quittance des droits de sortie est jointe au double de la déclaration visée par le receveur.

La rentrée des échantillons peut s'effectuer par tous les bureaux principaux, lorsqu'il est justifié que la sortie a eu lieu comme il vient d'être expliqué.

Si, avant que la quittance ait un an de date, on doit ressortir de nouveau avec les mêmes échantillons, la douane peut se borner, après la reconnaissance de l'identité, à viser les expéditions. (*Circ. du* 2 *avril* 1818, *n°* 377.)

TITRE VIII.

ACQUITTEMENT DES DROITS.

Règles d'acquittement.

497—428. Le receveur des douanes, qui a autorisé l'enlèvement d'une marchandise avant la visite, n'a pas à faire recette des sommes exprimées dans les soumissions cautionnées que lui ont remises les négociants importateurs à titre de consignations de valeurs ; seulement, il est tenu un compte particulier de ces soumissions et des droits dont elles garantissent la rentrée. (*Circ. de la compt. gén. du* 20 *juin* 1833.)

498—435. Lorsqu'une marchandise abandonnée en douane ne peut être adjugée à charge du paiement intégral des droits, on peut, néanmoins, passer outre à la vente, à moins que l'on ait des motifs d'espérer qu'une remise de cette vente sera plus avantageuse au trésor. (*Lettre adm. du* 10 *mai* 1834.)

PAIEMENT EN EFFETS DE CRÉDITS.

Effets admissibles.

499—450. Les receveurs peuvent admettre, dans les crédits accordés au commerce, les effets dits *papier fait,* comprenant des centimes et des fractions de centime ; mais il n'est pas tenu compte des fractions de centime à celui qui fournit les traites. (*Déc. minist. du* 7 *octobre* 1826; *circ. du* 17, *n°* 1011.)

Effets non payés.

500—461 *bis.* Si les débiteurs envers la douane sont en faillite, les syndics de cette faillite doivent accomplir les formalités exigées par la loi lors même qu'il y a impossibilité pour eux de représenter les traites. (*Lettre admin. du* 6 *décembre* 1836.)

L'inscription hypothécaire sur les biens d'un failli peut avoir lieu utilement après la faillite comme avant les 10 jours qui précèdent son ouverture. (*Loi du* 19 *mars* 1818.)

Les frais de procédure et de radiation des inscriptions hypothécaires sont à la charge de la faillite. (*Lettre admin.* 20 *juillet* 1818.)

501—461. Les obligations souscrites pour acquittement de droits, qui, à défaut de paiement, ont été protestées, sont passibles d'intérêts à dater du jour du protêt jusqu'à celui de l'acquittement. (*Lettre admin. du* 19 *mars* 1818.)

502—461 *bis.* Les points sur lesquels doivent porter les premières investigations des chefs de service, en cas de faillite d'un redevable de droits, comme devant être ultérieurement examinés et discutés pour établir la responsabilité des receveurs, sont ceux suivants :

1° En quoi consistent les obligations remises en nantissement des droits crédités? Sont-ce des traites, des effets de commerce ou tout autre papier, et quelle est sa nature?

2° Ces effets établissent-ils explicitement la solidarité des redevables et le dernier endossement est-il libellé de manière à conserver le privilége du trésor?

3° Les *immeubles* appartenant aux principaux obligés et à leurs cautions étaient-ils libres d'hypothèques lors de l'acceptation des traites?

4° Les signataires étaient-ils associés, communs en biens ou unis d'intérêts?

5° Dans le cas où le failli a été admis à cautionner d'autres négociants, présentait-il une garantie suffisante pour le double engagement accepté dans sa personne?

6° Indiquer la date de la *souscription* des effets et celle de leur *échéance*, afin que l'administration puisse apercevoir, au premier examen, si le crédit, en ce qui concerne les sels, a été de six ou de neuf mois, et de combien de temps les dernières concessions de crédit ont précédé la première suspension de paiement;

7° Indiquer également la date de la suspension de paiement du premier effet protesté et la date du jugement déclaratif de la faillite;

8° Enfin, produire, autant que possible, des états détaillés indiquant la *date*, l'*échéance* et le *montant* des obligations que, soit comme principaux obligés, soit comme cautions, les redevables auraient été admis à souscrire au lieu de leur résidence habituelle ou ailleurs. (*Circ. du* 16 *juillet* 1837, *n°* 1638.)

503 - 465. Lorsque le principal débiteur est dans un état qui annonce qu'il ne pourra payer, ses cautions sont tenues de se libérer immédiatement. Toutefois, elles peuvent être admises, si elles sont d'une solvabilité notoire, à fournir de nouvelles garanties. Il n'est dû aucun escompte pour les paiements qu'elles effectuent. (*Lettre admin. du* 6 *juin* 1833.)

Privilége de l'administration.

504—466. Celui qui a fait *la soumission pour la mise en entrepôt* ou *la déclaration pour la consommation* est *exclusivement* propriétaire de la marchandise à l'égard du trésor. La main-mise de la douane sur cette marchandise, en cas de faillite du propriétaire légal, pour une dette récente ou ancienne, est régulière et inattaquable. Un acte de vente opposé par un tiers réclamant ne peut empêcher la saisie arrêt de recevoir son exécution. (*Jugem. du trib. de paix de Marseille du* 29 *mars* 1837; *circ. du* 1er *juillet suiv., n°* 1635, *et jugem. du trib. civil, du* 2 *août* 1837; *circ. n°* 1653.)

MARCHANDISES DÉLAISSÉES EN DOUANE.

505—483 *bis*. L'autorisation en vertu de laquelle la douane fait procéder à la vente des objets déposés dans ses magasins faute de déclaration, est donnée par le juge de paix. (*Lettre admin. du* 9 *octobre* 1833.)

RÉFACTIONS POUR CAUSE D'AVARIES.

506—492. Le consignataire d'une marchandise avariée ne peut réclamer une réfaction de droits pour des avaries survenues en entrepôt *fictif*; et celles qui ont eu lieu en entrepôt *réel* ne sont admissibles à la réfaction qu'en vertu d'une autorisation spéciale de l'administration. (*Déc. admin. du* 10 *octobre* 1823.)

Vente des marchandises.

507—499 *bis*. Lorsqu'il s'agit de vendre des marchandises qui, par suite d'un événement de mer, sont en état d'avaries, c'est le receveur des douanes du lieu d'importation qui agrée les officiers publics chargés de procéder à cette vente; qui détermine le temps et fixe le lieu où les criées devront se faire. (*Loi du* 21 *avril* 1818, *art.* 53 ; *circ. du* 23, *n°* 383.)

REMBOURSEMENT DES DROITS.

508—516 *bis.* Il n'y a pas lieu au remboursement des droits de sortie acquittés pour une cargaison, qui, expédiée pour l'étranger, a été rapportée sans avoir été vendue. (*Déc. admin. du* 11 *juillet* 1834.)

Le remboursement des droits de sortie ne peut également être effectué pour des marchandises exportées, qui, en sortant du port où elles avaient été chargées, ont été perdues par suite d'avaries ou d'événement de mer. (*Lettre admin. du* 6 *octobre* 1834.)

509—516 *ter.* Lorsque les droits dont le remboursement est demandé, ont été réglés en obligation de crédits, le remboursement ne doit être effectué au réclamant qu'après que ces obligations ont été acquittées.

Nota. La formule de remboursement donne, relativement aux droits payés en traites, et à ceux acquittés comptant avec escompte, diverses explications auxquelles il convient de se reporter.

TITRE IX.

ENTREPOTS.

ENTREPÔTS RÉELS.

Marchandises prohibées.

510—517. L'entrepôt des marchandises prohibées de toute espèce est accordé au port de *Saint-Malo* aux conditions de la loi du 9 février 1832. (Voir n° 518 et suivants.) (*Ordonn. du* 25 *juillet* 1837 ; *circ. du* 2 *août suiv.*, *n°* 1645.)

L'entrepôt accordé par l'article qui précède étant définitivement constitué, le commerce est admis à jouir des avantages que lui offre cet établissement. (*Circ. du* 9 *novembre* 1837, *n°* 1662.)

511—521 *bis.* Les marchandises prohibées qui ont été admises en entrepôt, n'en peuvent sortir pour recevoir une main-d'œuvre ou des réparations et bonifications quelconques. Lorsqu'il est fait exception à cette règle pour quelques objets, l'administration indique les précautions à prendre pour prévenir les abus. (*Lettre admin. des* 31 *décembre* 1821, 16 *mars et* 17 *septembre* 1822.)

512—525. La réexportation par mer des marchandises prohibées reçues en entrepôt, peut s'effectuer, par le port de *Nantes*, sur des navires de 60 tonneaux. (*Lettre admin. du* 12 *juin* 1832.)

Marchandises non prohibées.

513—544 *bis.* Les marchandises importées, qu'un consignataire a placées à leur arrivée en entrepôt fictif dans ses magasins, ne peuvent plus être admises en entrepôt réel. (*Lettre admin. du* 7 *juillet* 1825.)

Prolongation d'entrepôt.

514—550 *bis.* La sommation faite à un propriétaire d'acquitter les droits après l'expiration du délai d'entrepôt est soumise à la formalité de l'enregistrement. Le droit est de 1 fr. 10 c. si la somme réclamée excède 100 fr.: il y a exemption si les droits à recouvrer n'atteignent pas cette somme. (*Lois des 28 avril 1816 et 16 juin 1824 sur l'enreg.; lettre admin. du 5 octobre 1836, et circ. n° 1572.*)

515—550 *ter*. En cas d'absence de plusieurs propriétaires de marchandises entreposées pour lesquelles le délai d'entrepôt est expiré, il suffit de faire une sommation collective au maire, en ayant soin de désigner dans cet acte toutes les parties intéressées.

Si le produit de la vente est inférieur aux frais faits, la somme formant la différence reste à la charge de l'administration. En pareil cas, il ne faut poursuivre la vente qu'autant que les objets sont sujets à dépérissement, ou qu'il y a impossibilité de les réunir à d'autres articles. (*Lettres admin. des 9 octobre 1833 et 3 juin 1835.*)

Sortie pour la consommation.

516—555. Les marchandises reçues en entrepôt réel, et qui sont déclarées pour la consommation, ne peuvent séjourner dans les magasins après l'acquittement des droits. Leur sortie doit être immédiate; autrement elles devraient être renfermées dans un magasin spécial. (*Lettres admin. des 25 février et 29 avril 1821.*)

517—557. Après les titres cités, ajouter : Ce principe a été rappelé par une lettre administrative du 12 novembre 1834.)

Bénéficiements.

518—561. Si, par suite de transvasement, de division ou de réunion de colis existant en entrepôt, il reste des colis vides, le poids de ces colis vides est inscrit en décharge au compte des entrepositaires. (*Lettre admin. du 12 octobre 1837.*)

Sortie en réexportation des marchandises prohibées.

519—566. Les réexportations effectuées par le port de *Nantes* peuvent avoir lieu par navires de 60 tonneaux. (*Lettre admin. du 12 mai 1832.*)

520—567. Les denrées coloniales mises en entrepôt peuvent être réexportées à toute destination ; les entrepositaires ont la faculté, conséquemment, de les réexpédier pour les colonies. (*Lettre admin. du 6 mars 1837.*)

Plombage et droits.

521—577. Lorsque les marchandises sont réexportées par le port de *Nantes*, on substitue au plombage *par colis* le plombage *des écoutilles* du navire ou de l'allége; les préposés des postes du bas de la rivière sont chargés de reconnaître l'intégrité du plombage. (*Déc. admin. du 31 décembre 1817.*)

Nota. Aux circulaires citées dans cet article, ajouter : Circ. du 22 juillet 1836, n° 1553.

522—577. La dispense du plombage n'existe pour les navires prenant directement la mer et qui sortent de *Nantes*, qu'autant que le chargement est exclusivement composé de marchandises d'entrepôt. Il est permis, toutefois, d'embarquer des marchandises nationales ou nationalisées par le paiement des droits, pourvu que celles-ci soient distinguées par une marque particulière.

Il est payé 10 centimes pour chacune de ces marques. (*Lettre admin. du 28 novembre 1818.*)

DÉPOTS.

Marchandises provenant de saisies.

523—615. Les marchandises prohibées provenant de saisies, non réexportées dans le

délai fixé par les réglements (voir n° 615 du Rés.), sont inscrites sur le registre ordinaire des dépôts, et si, dans l'année, elles ne sont pas déclarées pour la réexportation, on les vend publiquement.

Le droit de garde à percevoir est de 1 cent. 1/4 par jour et par 50 kilog. (*Circ. du* 6 *septembre* 1827, *n°* 1059, *et lettre admin. du* 9 *septembre* 1837.)

ENTREPOTS FICTIFS.

Changement de magasins.

524—624. Il n'y a que *simple mutation de magasin*, quand la marchandise, transportée sans autorisation d'un magasin dans un autre, y est représentée en masse. Dans ce cas on réclame seulement la déchéance de l'entrepôt. Il y a lieu, au contraire, à l'application de la peine prononcée par la loi pour la soustraction absolue, si la marchandise a été disséminée dans plusieurs magasins, ou si elle a été vendue. (*Déc. admin. du* 14 *avril* 1837.)

Déclaration d'entrée.

525—634. Les marchandises reçues en entrepôt fictif ne peuvent être soumises à un nouvel examen de leur qualité, qui aurait pour objet de mettre les entrepositaires à même de rectifier la déclaration qu'ils ont fournie à la douane. (*Déc admin. du* 20 *novembre* 1822.)

Sorties d'entrepôt.

526—641. Les déficit reconnus à la sortie des entrepôts fictifs, sur les marchandises expédiées par mutation d'entrepôt, en transit ou en réexportation, sont passibles des droits, sans déduction de tare, excepté lorsqu'il s'agit de sucres provenant de nos colonies. (*Déc. admin. des* 13 *janvier* 1820; 16 *octobre* 1833 *et* 8 *janvier* 1834.)

TITRE X.

TRANSIT ET EMPRUNT DU TERRITOIRE ÉTRANGER.

PORTS ET BUREAUX D'ENTRÉE.

527—715. Le bureau d'*Entre-Deux-Guiers*, ouvert au transit des marchandises non prohibées, ainsi qu'à l'importation des marchandises désignées par l'art. 20 de la loi du 28 avril 1816, et par l'art. 8 de la loi du 27 mars 1817, est définitivement constitué. (*Circ. du* 23 *janvier* 1837, *n°* 1601.)

528—715. Le bureau d'*Évrange* est substitué, pour le transit des marchandises non prohibées, au bureau de *Thionville*. (*Déc. minist. du* 8 *février* 1832; *circ. du* 27 *juillet suiv.*, *n°* 1642.)

Vérification à l'arrivée de l'étranger.

529—742. Lorsque, dans une expédition faite en transit, des marchandises prohibées non déclarées sont trouvées, à la vérification, parmi d'autres objets tarifés, l'amende encourue par l'expéditeur est de 500 fr., conformément à l'art. 9 du titre 3 de la loi du 22 août 1791. (*Déc. admin. du* 7 *décembre* 1836.)

Échantillons.

530—751 *bis*. Les dentelles de toute sorte, expédiées en transit, sont, comme les rubans de soie, de laine et de coton, affranchies du prélèvement d'échantillons, par exception aux dispositions de l'ordonnance du 11 février 1832. (*Circ. du* 19 *juin* 1837, *n°* 1630.)

531—751 *ter*. De simples échantillons, lorsqu'il s'agit de tissus unis (les draps en font partie), ne pouvant suffire aux experts du gouvernement, il est prescrit, lorsqu'il s'agit de ces tissus, de prélever *une pièce entière* au choix de la douane. Cette pièce est adressée franche de port à l'administration, qui la renvoie, aux frais du propriétaire, au bureau de sortie. (*Déc. admin. du* 18 *janvier* 1837.)

Plombage.

532—754. La loi du 2 juillet 1836 (art. 20) a remplacé l'ordonnance du 8 juillet 1834.

533—755. Aux titres cités, ajouter: Loi du 2 juillet 1836, art. 20, circ. n° 1555.

534—756. Ajouter aux titres déjà cités : Loi du 2 juillet 1836, art. 20, circ. n° 1555.

535—761 *bis*. Les cachets apposés sur les colis *pressés* expédiés en transit, et ceux mis sur les échantillons de marchandises avant de les placer dans la boîte qui doit les renfermer, font partie du plombage et le complètent; dès lors la cire employée est une fourniture qui se trouve comprise dans le prix du plomb. (*Lettre admin. du* 8 *décembre* 1836.)

536—795. Les marchandises de transit, réexpédiées par mer du port de *Nantes*, ne sont pas plombées par *colis;* la douane est autorisée à plomber seulement les *écoutilles* des alléges ou des navires. Au moyen de cette garantie, il y a dispense de visite pour les postes placés au bas de la rivière. (*Déc. admin. du* 31 *décembre* 1817.)

Nota. La loi du 2 juillet 1836, art. 20, a remplacé l'ordonnance du 8 juillet 1834.

TITRE XI.

CABOTAGE.

NAVIRES AUXQUELS LE CABOTAGE EST PERMIS.

537—831. La défense de charger, à la fois, des marchandises pour un port de France et pour l'étranger, ne s'applique pas à un navire français qui composerait une partie de son chargement de marchandises destinées pour les colonies françaises. (*Lettre admin. du* 15 *janvier* 1824.)

Un bâtiment français, venant de l'étranger ou des colonies, peut prendre dans le port dans lequel il est arrivé, pour transporter dans celui dont il relève, des marchandises de cabotage, pourvu que ces marchandises ne soient pas similaires de celles qui lui restent à bord. (*Déc. admin. du* 19 *octobre* 1835.)

Plombage.

538—851. Les marchandises expédiées par cabotage, que les réglements soumettent à la formalité du plombage, ne peuvent être embarquées en vrac à bord des navires qui doivent les transporter. (*Circ. manusc. du* 6 *septembre* 1833 *et lettre admin. du* 5 *janvier* 1834.)

539—854. Il est apposé deux plombs sur les grosses futailles; il n'en est placé qu'un seul sur les futailles dont le poids n'excède pas 100 kilogrammes. (*Instr. admin. des* 20 *novembre* 1792 *et* 5 *janvier* 1833.)

540—857. Aux titres cités, ajouter : Circ. du 1er avril 1815.

EXPÉDITION A DÉLIVRER AU DÉPART.

541—872. Article abrogé par la loi du 2 juillet 1836.

542—876. Une expédition de cabotage qui comprend la totalité de la cargaison, peut tenir lieu du manifeste de sortie exigé par l'article 2 de la loi du 5 juillet 1836 (voir n° 223 des Suppléments), lorsqu'elle contient la mention suivante : Le présent remis par « moi capitaine, comme manifeste complet de mon chargement. » (*Déc. admin. du* 22 *octobre* 1836.)

NAVIRES EN RELACHE.

543—878. Après les mots : « à la connaissance de l'administration, » ajouter : au moyen de l'état n° 127.

DÉCLARATION EN DÉTAIL A L'ARRIVÉE.

544—887. Lorsque le consignataire refuse de certifier véritable l'acquit-à-caution par lui présenté, on peut exiger une déclaration détaillée de ses marchandises, avec indication du port de chargement. Cette déclaration, enregistrée et signée, sert, en cas de faux, à intenter des poursuites. (*Déc. admin. du* 10 *nivose an* 11.)

Vérification.

545—895. Lorsque la loi prescrit le plombage comme garantie de l'identité d'une marchandise, la douane, en l'absence du plomb, ou lorsque des capitaines ont séparé des fardeaux et rompu les cordes, peut contester l'identité de l'objet expédié, saisir ou au moins retenir la marchandise sous soumission jusqu'à décision ultérieure. Cette disposition ne s'applique pas, toutefois, aux fardeaux dont le plombage aurait été rompu par accident. (*Lettre admin. du* 22 *mai* 1837.)

Changement de destination.

546—900. Les vins en futailles qui sont expédiés par cabotage, peuvent être débarqués dans un port autre que celui qu'indique l'expédition. L'administration est informée de ces changements de destination par les états qui lui sont fournis. (*Instr. admin.*)

Vérification des expéditions.

547—910. Le renvoi des passavants au bureau d'où ils sont émanés, doit avoir lieu, bien que présentés au port de destination, ils n'y aient pas été régularisés. (*Lettre admin. des* 8 *octobre* 1835 *et* 3 *août* 1837.)

548—915 *bis*. Les soumissions ne devant être radiées qu'en vertu d'un titre authentique qui doit rester entre les mains du receveur, on doit joindre à l'état n° 26 A des acquits-à-caution perdus, un duplicata de chacune des expéditions que cet état indique. (*Circ. manusc. du* 26 *février* 1836.)

Contraintes à décerner.

549—917. A la fin du dixième mois de la délivrance de l'expédition, et lors même que l'ordre de poursuivre ne serait émané ni de l'administration ni du directeur, le receveur doit, pour les acquits-à-caution de toute nature non rentrés, décerner une contrainte contre les soumissionnaires en retard. (*Circ. du* 19 *novembre* 1825, *n°* 951.)

Perte des navires.

550—920. Les pièces ayant pour objet d'établir la preuve de la perte d'un navire sont adressées à l'administration, qui, si elle juge ces pièces insuffisantes, réclame le concours de la marine et l'application des dispositions de l'arrêté du 13 prairial an 11. Si, au contraire, elle les admet comme valables, elle annule d'elle-même les soumissions. (*Circ. du* 18 *juin* 1828, *n°* 1105.)

Etats de cabotage.

551—920 *bis*. Il est ouvert par les receveurs des douanes, dans chaque port d'*expédition*, et pour chacun des ports de *destination*, un cahier de dépouillement sur lequel sont inscrites, jour par jour, les quantités, par espèce, des marchandises portées aux acquits-à-caution et passavants délivrés au bureau. Un résumé est ensuite formé, *par port de destination*, chaque semestre et chaque année. (Voir n° 410 des Suppléments.) (*Circ. des* 30 *décembre* 1836, *n°s* 1595 *et* 1597 ; 22 *mars* 1837, *n°* 1611, *et* 18 *octobre* 1837, *n°* 1656.)

Nota. On suit, pour la formation de ces relevés semestriels, la nomenclature jointe à la circulaire n° 1656.

552—920 *bis*. Afin de constater le nombre et le tonnage des navires employés au transport des marchandises de cabotage, il est rédigé, dans chaque bureau, un état (série E, n° 2) des bâtiments chargés, ou sur lest, partis de chaque port à destination des différents ports de France. Les opérations qui ont lieu d'un port à un autre de la même mer sont distinguées de celles qui s'effectuent d'une mer dans l'autre. (*Circ. du* 5 *janvier* 1837, *n°* 1597.)

Nota. On présente séparément, par un état (série E, n° 1er *ter*), les mouvements de la navigation à la vapeur.

TITRE XII.

EXPORTATIONS ET PRIMES.

Vérification des marchandises.

553—941. La disposition de la loi du 17 mai 1826 (art. 3), qui fixe un minimum de 25 cent. pour la perception des droits de sortie pour certains articles, est rapportée. (*Loi du* 17 *mai* 1826, *art.* 5.)

Manifestes.

554—223 *des Supp*. Le manifeste de *sortie* ne doit pas être réclamé par les préposés des douanes dans un port d'*entrée*. Ce manifeste ayant pour but d'assurer la police des *exportations*, son objet est consommé dès qu'un capitaine a quitté, avec son navire, les eaux de la France. (*Lettre admin. du* 10 *juillet* 1837.)

PROVISIONS DE BORD.

Tabacs.

555—963 *bis*. Les équipages des navires allant à la pêche de la baleine, ou à celle de la morue, sont autorisés à prendre des tabacs pour leur approvisionnement. Ceux qu'ils tirent, pour cette destination, des magasins ou manufactures de la régie, leur sont livrés à des conditions particulières. (Voir, pour ces conditions, n° 620 des Suppléments.) (*Déc. admin. du* 25 *septembre* 1837; *circ. n°* 1650.)

Les employés des douanes se concertent avec ceux de la régie des contributions indirectes, pour les mesures à prendre afin que les tabacs ne soient livrés qu'au moment du départ des navires, et qu'ils soient conduits directement à bord de ceux sur lesquels ils devront être consommés. (*Circ. du* 25 *septembre* 1837, *n°* 1650.)

Fourrages.

556—964 *bis*. Les fourrages qu'on embarque à bord des navires français allant à l'étranger, pour la nourriture des animaux, sont, comme ceux destinés à nourrir les bestiaux exportés, exempts des droits de sortie, mais seulement pour les quantités qui n'excèdent pas le *nécessaire*. L'acquit-à-caution qui était réclamé lorsqu'il s'agissait de bâtiments allant aux colonies doit cesser d'être exigé. (*Déc. admin. du* 19 *août* 1837.)

Permis.

557—967. Le permis d'embarquer sur lequel sont portées les quantités de denrées qui ont été déclarées à titre de provision de bord, et qui reste entre les mains du capitaine comme titre de nationalité, est délivré sur la formule *n°* 15, *série M*. Il doit être écrit en entier de la main d'un employé, et visé par l'inspecteur ou le sous-inspecteur, et à défaut par le receveur. (*Circ. du* 19 *mai* 1837, *n°* 1622.)

EXPORTATIONS FAVORISÉES PAR DES TRAITÉS.

Traité avec l'Angleterre.

558—225 *des Suppl.* Les navires français se rendant, avec chargement, des ports de France, ou sans chargement de tous ports quelconques dans les ports du Royaume-Uni, ne sont pas assujétis, soit à leur entrée, soit à leur sortie, à des droits de tonnage, de port, de pilotage, etc., plus élevés que ceux qu'acquittent les navires britanniques. (*Conv. du* 26 *janvier* 1826; *ordonn. du* 8 *février suiv.; circ. n°* 979.)

Toutes les marchandises et tous objets de commerce légalement importés des ports de France dans les ports du Royaume-Uni, par des navires français, ne paient pas des droits plus élevés que s'ils étaient importés par des navires britanniques.

Les objets de commerce exportés des ports de l'un ou de l'autre des deux pays, par navires français ou anglais, jouissent des primes, remboursements de droits, et autres avantages de ce genre, assurés par les réglements de l'un ou de l'autre État. (*Idem.*)

Traité avec le Brésil.

559—225 *des Suppl.* Les bâtiments français qui sont expédiés pour le Brésil paient à leur entrée dans les ports et mouillages de cet empire, à titre de phare, tonnage ou autre dénomination, les mêmes droits que paient les navires de la nation la plus favorisée. (*Traité du* 8 *janvier* 1826; *ordonn. du* 4 *octobre suiv.; circ. n°* 1014.)

Les produits et marchandises importés de France dans les ports du Brésil par navires français ne sont assujétis qu'aux mêmes droits que paient les sujets de la nation la plus favorisée (la nation portugaise exceptée).

Lesdits produits et marchandises doivent être accompagnés de certificats d'origine, joints, sous le sceau de la douane, à un manifeste visé par le consul établi dans le port d'expédition. (*Traité du* 8 *janvier* 1826 ; *ordonn. du* 4 *octobre suiv.*, *n°* 1014.)

Traité avec la république de Vénézuéla.

560—225 *des Suppl.* Les produits et marchandises exportés régulièrement de France par navires français, pour les ports de la république de Vénézuéla, jouissent des immunités concédées à la nation la plus favorisée. Les bâtiments sont traités, pour les droits de tonnage, comme les navires nationaux. (*Traité du* 11 *mars* 1833 ; *ordonn. du* 5 *juin* 1834; *circ. n°* 1465.)

Traité avec les états de la Nouvelle-Grenade.

561—225 *des Suppl.* Les navires et marchandises appartenant à des Français sont admis à jouir, dans les ports de la Nouvelle-Grenade, de tous les priviléges, franchises et immunités consentis en faveur des nations les plus favorisées. (*Traité du* 14 *novembre* 1832; *ordonn. du* 5 *juin* 1834; *circ. n°* 1465.)

Traité avec la république de Bolivie.

562—225 *des Suppl.* Les produits importés de France par navires français dans les ports de la Bolivie acquittent les mêmes droits que ceux dus pour les importations faites par des bâtimens nationaux. (*Traité du* 9 *décembre* 1834 ; *ordonn. du* 26 *juillet* 1837 ; *circ. du* 29 *août* 1837, *n°* 1647.)

Les marchandises exportées doivent être accompagnées d'un certificat d'origine délivré par la douane du lieu d'embarquement. Les certificats relatifs à chaque navire, après avoir été numérotés, sont joints, sous le sceau de la douane, au manifeste, et visés par l'agent consulaire. (*Idem.*)

Les navires français arrivant dans les ports de la Bolivie ne sont assujétis à d'autres ni à de plus forts droits de tonnage, de phare, pilotage, etc., que ceux auxquels sont assujétis les navires boliviens. (*Idem.*)

Les produits exportés des ports de France ou de la Bolivie, par navires français ou boliviens, jouissent des franchises, allocations et remboursements réservés aux exportations faites sur les bâtiments nationaux. (*Idem.*)

EXPORTATIONS AVEC PRIMES.

Fils et tissus de laine.

563—227 *des Suppl.* A l'égard des tissus de laine dont la prime est réglée sur *la valeur*, la déduction qui concerne les substances autres que la laine employées à leur fabrication, a lieu de la manière suivante : on détermine, quelle que soit la nature du mélange, dans quelle proportion les substances ajoutées à la laine entrent dans le poids total, et la valeur est réduite dans la même proportion. (*Déc. min. du* 7 *avril* 1837; *circ. du* 18, *n°* 1620.)

Acides nitriques et sulfuriques.

564—231 *des Suppl.* L'ordonnance du 4 décembre 1836 concernant la prime des acides nitriques et sulfuriques est confirmée par une ordonnance du 25 juillet 1837. (*Circ. n°* 1645.)

Sucres raffinés.

565—1032. La tare des 2 pour 100, qui était bonifiée en sus du poids des sucres raffinés exportés, est supprimée. La restitution du droit d'entrée n'est accordée que sur le poids net effectif du sucre sans aucune bonification. (*Loi du* 18 *juillet* 1837, *et circ. du* 31 *du même mois, n°* 1643.)

CONTRE-VISITE A L'EXTRÊME FRONTIÈRE.

566—1067. Les directeurs peuvent autoriser la délivrance des certificats de sortie, quoique les marchandises de primes aient été présentées au bureau d'exportation après les délais fixés par les passavants (voir n° 1067 du Rés.); mais, en pareil cas, ils doivent en rendre compte sur-le-champ à l'administration. (*Circ. du* 30 *mai* 1831, *n°* 1266.)

TITRE XIII.

NAVIGATION.

NAVIRES QUI JOUISSENT DU PRIVILÉGE DE LA NATIONALITÉ.

567—1093. Le remplacement, à bord d'un navire français, d'objets perdus à la mer, ne détruit pas le privilége de la nationalité. Il faut, toutefois, qu'il soit justifié, d'une manière authentique, des circonstances de force majeure qui ont exigé l'embarquement à l'étranger des agrès et apparaux. Le droit d'entrée est perçu sur ce qui forme la différence entre le poids de l'objet perdu, et celui de l'article remplacé. (*Lettre admin. du* 26 *septembre* 1837.)

568—1095. Un bâtiment français capturé ou séquestré à l'étranger pour dettes ou autrement, qui, rendu au propriétaire ou vendu en son nom, est acheté par un Français, ne perd pas ses droits au privilége national. Ces droits cessent d'exister, au contraire, si le bâtiment a été mis en vente publique au nom d'un étranger, encore bien qu'il soit acheté par un Français. (*Lettres admin. du* 6 *septembre* 1823 *et* 18 *février* 1833.)

Nota. On doit produire un certificat de l'autorité locale du pays étranger où le navire a été vendu, attestant que le bâtiment n'a pas été *confisqué* et n'a pas passé dans des mains *étrangères*. (*Lettre admin. du* 20 *novembre* 1823.)

569—1104. Terminer cet article par ces mots : Et ce, sous la peine du paiement de la somme qu'énonce la soumission.

Jauge.

570—1107. Le certificat de description et de tonnage à délivrer lorsqu'un navire ne se trouve pas dans le port où il doit être francisé, est affranchi de la formalité du timbre. (*Circ. du* 28 *octobre* 1829, *n°* 1188.)

FRANCISATION.

571—1108. Le projet d'acte de francisation à adresser à l'administration lorsqu'un navire va être francisé, doit indiquer si le navire a ou n'a pas de serrage ou vaigrage (*circ. n°* 1335); s'il provient de prise, de confiscation ou d'échouement, etc. (*Circ. manuscr. du* 28 *avril* 1834.)

572—1109. Les brevets de francisation originaux adressés par l'administration aux receveurs sont remis aux armateurs au moment même où ils parviennent au port d'attache du bâtiment. Ils sont remis, bien que le navire, n'étant pas de retour, continue à naviguer avec un acte provisoire. (*Lettre admin. du* 27 *septembre* 1836.)

573—1118. On doit soumettre à la francisation les bateaux et chaloupes des pilotes lamaneurs, ces embarcations étant destinées à aller en mer pour le pilotage et pouvant même relâcher parfois à l'étranger. (*Déc. admin. du* 26 *août* 1837.).

Transferts.

574—1126. Si un navire étant vendu intégralement passe en totalité dans d'autres mains, une nouvelle soumission doit être exigée; l'ancienne est annulée. Si, au contraire, la vente est partielle, on peut se borner à la relater sur la soumission primitive, sauf à faire souscrire au nouveau propriétaire les engagements voulus par la loi. Dans ce cas, il faut que le nouvel acquéreur étende son cautionnement aux autres propriétaires. (*Lettre admin. du* 31 *août* 1837.)

575—1127. Après les titres cités, ajouter : Ces dispositions ont été confirmées par une lettre administrative du 3 novembre 1835.

Congés.

576—1146. On assujétit au congé annuel, seulement, comme moyen de police pour la douane, les chaloupes des pilotes lamaneurs, attendu que, placées sous la surveillance de la marine, elles ne se livrent à aucune opération de commerce. (*Déc. minist. du* 24 *décembre* 1836; *circ. du* 6 *janvier* 1837, *n°* 1598.)

Droit de francisation.

577—1152. Le droit de francisation n'étant pas un droit principal de navigation, il n'emporte pas le paiement de celui d'acquit. (*Déc. admin. du* 23 *octobre* 1833; *note* 56 *du tarif de navigation.*)

578—1153 *bis*. A la seconde ligne, après les mots : *Quelle que soit la portion*, il convient d'ajouter : *Vendue.*

DROIT DE TONNAGE.

Paquebots.

580—1159. Les chevaux et voitures appartenant à des passagers peuvent être embarqués à bord des paquebots sur lesquels ces passagers se trouvent, eux ou leurs domestiques; le droit de tonnage à percevoir est fixé, savoir : à raison de 2 tonneaux pour chaque cheval; 3 tonneaux pour une voiture à deux roues, et 4 tonneaux pour les voitures de plus de deux roues. (*Déc. minist. du* 24 *février* 1837; *circ. du* 3 *mars suiv.*, *n°* 1604.)

581—1159. Si les paquebots n'embarquent à leur départ que la houille nécessaire à leur voyage, ils conservent le bénéfice de la décision du 13 mars 1832; conséquemment ils ne paient le droit de tonnage qu'à raison d'un tonneau par passager. (*Lettre admin. du* 16 *mai* 1836.)

582—1159. Lorsque, parmi les bagages embarqués à bord d'un paquebot, il y a des colis qui contiennent des marchandises, on ne conserve le bénéfice de la décision du 13 mars

1832, c'est-à-dire la faveur de payer le droit de tonnage à raison d'un tonneau par passager, qu'autant que ces marchandises sont immédiatement renvoyées à l'étranger, et que rien d'ailleurs, dans le fait même de l'importation, n'est de nature à faire croire à une tentative de fraude. (*Déc. admin. du* 30 *août* 1837.)

Navires américains.

583—1159. Les navires français ne payant le droit de tonnage aux États-Unis d'Amérique que dans le premier port où ils arrivent, les bâtiments américains ne doivent non plus l'acquitter en France qu'au port de prime abord. Ainsi, lorsqu'il est justifié que le droit de 5 francs a été payé au port d'arrivée, le navire en est affranchi dans les autres ports où il aborde dans le cours d'un même voyage. (*Circ. du* 25 *mai* 1817, *n*° 1623.)

Navires boliviens.

584—1159. Les navires boliviens sont traités, pour le paiement du droit de tonnage, comme les navires français. Conséquemment les bâtiments appartenant à cette république qui arrivent de l'étranger sont exempts de ce droit. (*Ordonn. du* 26 *juillet* 1837; *circ. du* 29 *août suiv.*)

Sont réputés navires boliviens, ceux appartenant à un ou plusieurs citoyens de la Bolivie dont le capitaine et la moitié, au moins, de l'équipage sont également citoyens du pays. Les capitaines ont à justifier de ces faits par un passeport, congé ou registre de bord. (*Idem.*)

Navires brésiliens.

585—1159. Les navires brésiliens étant traités, à leur arrivée dans les ports de France, comme ceux des nations les plus favorisées, ils sont exempts du droit de tonnage quand leur nationalité est légalement justifiée. (*Ordonn. du* 4 *octobre* 1826; *circ. n*° 1014.)

Navires des états de la Nouvelle-Grenade.

586—1159. Les navires grenadins qui se rendent en France, et dont la nationalité est légalement établie, sont exempts du droit de tonnage. (*Ordonn. du* 5 *juin* 1834, *n*° 1465.)

DROIT D'EXPÉDITION.

587—1161. Le droit d'expédition est indivisible; il est dû par le seul fait de l'entrée du navire dans un port, et il se perçoit dans les vingt jours de l'arrivée. Il est inhérent au droit de tonnage, et il n'est dû que lorsqu'il y a lieu à percevoir ce droit. (*Note* 46, *page* 10 *du tarif publié par l'administration.*)

588—1161 *bis*. Les navires boliviens étant exempts du droit de tonnage à leur arrivée en France, ils ne sont pas assujétis au paiement du droit d'expédition. (*Ordonn. du* 26 *juillet* 1837; *circ. du* 29 *août suiv.*, *n*° 1647.)

Les navires grenadins jouissent de la même exemption. (*Ordonn. du* 5 *juin* 1834, *circ. n*° 1465.)

DROIT DE PERMIS.

589—1169. Le droit de permis est unique pour l'objet d'une même déclaration, quelle que soit la quantité de formules (permis) employées à la transcription de cette même déclaration. (*Circ. manusc. du* 26 *décembre* 1831.)

590—1169. Si la même déclaration, ou le même permis, se rapporte à plusieurs expéditions de douanes (acquits-à-caution ou passavants), on doit faire payer le droit de permis autant de fois qu'il y a d'acquits-à-caution ou de passavants relatés dans cette déclaration. (*Décis. admin. des* 21 *floréal an* 5 *et* 13 *thermidor an* 2 ; *et lettre de l'administration du* 30 *mai* 1835.)

591—1171. Lorsque l'expédition représentée comprend des marchandises consignées à plusieurs personnes, et que chaque consignataire fait une déclaration pour ce qui le concerne, le droit de permis est dû pour chaque déclaration partielle. (*Inst. de l'admin. des* 11 *mai et* 23 *juin* 1835.)

Un capitaine peut ne lever qu'un seul permis pour toute sa cargaison, quel que soit le nombre des consignataires ; ainsi, s'il n'a été délivré qu'une seule expédition pour la cargaison, il n'est dû qu'un seul droit de permis. (*Lettre admin. du* 26 *août* 1834.)

592—1173. Il n'y a pas lieu à percevoir le droit de permis pour les ustensiles de pêche, agrès et apparaux embarqués à bord des navires pêcheurs ou qui en sont débarqués. La même exemption existe pour les vivres et provisions de bord. (*Déc. admin. du* 16 *novembre* 1831.)

JAUGE DES NAVIRES.

593—1186. Dans les ports où arrivent des paquebots étrangers, les chefs locaux peuvent exempter ces paquebots de la vérification de jauge pendant une saison entière, lorsqu'ils reconnaissent que ces bâtiments font des voyages réguliers d'un port de France à un port étranger. (*Lettre admin. au directeur de Boulogne.*)

594—1188. A partir du 1er mars 1838, le jaugeage des bâtiments à voile du commerce doit avoir lieu comme il suit :

Les trois dimensions principales servant à l'évaluation du tonnage, continuent à être prises conformément à la loi du 12 nivose an 2. (Voir n° 1188.)

Ces trois dimensions sont exprimées en mètres et fractions décimales du mètre. Leur produit, divisé par le nombre 3, 80, exprime le tonnage légal du bâtiment. (*Ordonn. du* 18 *novembre* 1837, *art.* 1er.)

En prenant les dimensions du navire, les *millimètres* doivent être négligés ; les autres fractions du mètre sont exprimées en *centimètres.* On néglige également les millimètres dans le quotient de la division, de manière à ce que la fraction du tonneau soit toujours donnée en *centièmes.* (Voir l'exemple que contient la circulaire n° 1665.) (*Circ. du* 5 *décembre* 1837, *n°* 1665.)

Le nombre de tonneaux obtenu par la jauge est gravé au ciseau sur les faces avant et arrière du maître bau. Cette opération est faite, soit lors de la mise à l'eau du bâtiment, soit lorsque, après avoir subi des réparations importantes ou pour toute autre cause, le jaugeage doit être effectué de nouveau. (*Ordonn. du* 18 *novembre* 1837, *art.* 2.)

Afin de faciliter les vérifications, il est appliqué des clous de jaugeage sur les points du bâtiment où ont été prises les dimensions. Cette apposition, faite au moment de l'opération en présence du vérificateur-jaugeur, est gratuite. (*Ordonn. précitée; circ. du* 5 *décembre* 1837, *n°* 1665.)

Au fur et à mesure que l'ordonnance du 18 novembre 1837 reçoit son exécution, les receveurs doivent adresser à l'administration le projet d'acte de francisation, par eux rédigé. Si, avant que le brevet original ne leur soit parvenu, le navire doit mettre à la voile, il est délivré au capitaine un acte provisoire

Les bâtiments qui veulent quitter le port avant d'avoir été rejaugés naviguent avec les titres de nationalité dont ils se trouvent pourvus. (*Circ. du* 21 *mars* 1834, *n°* 1432, *et* 5 *décembre* 1837, *n°* 1665.)

595—1189. Dans l'évaluation du tonnage, les employés doivent avoir égard aux serrages, vaigrages, bordages, ou soufflages cloués d'une manière fixe, ainsi qu'à la capacité d'un roufle, d'une dunette ou demi-dunette, construite sur le pont du navire; mais on ne doit pas tenir compte des ponts mobiles ou fractions de pont qui peuvent se placer ou s'enlever à volonté; les navires ayant de ces sortes de ponts doivent être jaugés comme n'ayant qu'un pont. (*Circ. du* 29 *décembre* 1832, *n°* 1365.)

POLICE DES NAVIRES.

596—1199. Le dossier renfermant les pièces produites par un armateur pour établir la propriété de son navire doit suivre le bâtiment dans les divers ports où il peut être attaché; ce dossier est envoyé au receveur du port de nouvelle attache, par l'intermédiaire de l'administration. (*Circ. manus. du* 7 *janvier* 1833.)

597—1202. Lorsque l'absence d'un congé délivré depuis plus de deux ans fait supposer qu'un bâtiment a cessé d'exister, le receveur doit prendre des renseignements près de l'armateur, et, si le navire est réellement perdu, proposer la radiation des soumissions. (*Circ. du* 15 *février* 1837, *n°* 1602.)

598—1202. Les receveurs des douanes sont autorisés à communiquer aux agents supérieurs de l'enregistrement, dans l'intérêt du service qui leur est confié, les registres de francisation et de compte ouvert, ainsi que tous les autres documents relatifs aux navires, à leurs propriétaires, et aux transferts dont ces navires peuvent avoir été l'objet. Cette communication doit avoir lieu sans déplacement. (*Déc. min. du* 10 *juillet* 1837; *circ. du* 21, *n°* 1639.)

TITRE XIV.

LOCALITÉS ET MARCHANDISES SOUMISES A UN RÉGIME EXCEPTIONNEL.

PROPRIÉTÉS LIMITROPHES DES FRONTIÈRES.

Français propriétaires à l'étranger.

599—1219. Les receveurs, par l'état qu'ils fournissent chaque année à la direction, pour faire connaître les Français qui, en qualité de propriétaires riverains, sont admis à importer leurs récoltes en franchise, doivent donner l'indication de la date des titres de propriété, de la situation, de la nature et de la contenance des terres, et des qualités de chaque espèce de denrées introduites par chaque propriétaire. (*Circ. du* 21 *juin* 1837, *n°* 1632.)

Ils ont à se faire exactement représenter, à l'appui des déclarations annuelles, les quittances des contributions directes payées à l'étranger, de même que les baux, lorsque le fermier acquitte l'impôt foncier. (*Même circ.*)

600 – 1219 *bis*. L'état général, précédemment remis annuellement à l'administration, est remplacé par un relevé récapitulatif, par bureau, indiquant seulement le total des

quantités et de la valeur approximative des récoltes de chaque espèce admise en franchise comme provenant des propriétés limitrophes. Il est formé ensuite un état (*modèle n° 2*) des mutations survenues parmi les propriétaires. (*Circ. du 21 juin* 1837, *n°* 1632)

601 — 1219 *ter*. Les contrats d'acquisition, ou autres titres produits à la douane, ne restent pas indéfiniment dans les bureaux; ils y sont momentanément déposés, pour être examinés et pour y puiser toutes les indications de propriété que les receveurs ont à présenter sur le registre qu'ils tiennent spécialement pour cet objet.

Les certificats exigés pour constater l'actualité de la possession à l'etranger, sont délivrés par le maire de la commune étrangère où les biens sont situés. (*Même circ.*)

EXPÉDITIONS DE LA CORSE POUR FRANCE.

602—284 *des Supp.* L'ordonnance du 8 août 1836 a été confirmée par une ordonnance du 25 juillet 1837.

603—285 *des Supp.* Même observation qu'à l'article précédent.

604 — 286 *des Supp.* Même observation qu'à l'article qui précède.

BESTIAUX ET BÊTES DE SOMME.

Police dans la ligne spéciale.

605 — 1263. La circulation des bœufs ou vaches, sans passavant, dans la ligne spéciale que détermine l'ordonnance du 28 juillet 1822, soit que les bestiaux se dirigent vers l'intérieur, soit qu'ils fassent route vers la frontière, entraîne, contre les conducteurs, la confiscation et l'amende de 100 francs. (*Loi du* 22 *août* 1791, *titre III*, *art.* 15 *et* 16; *jugement du tribunal civil de Rocroy, du* 17 *mai* 1837; *circ. du* 2 *juillet suivant, n°* 1636.)

DRILLES ET CHIFFONS.

Dépôts.

606 — 1306. Les dépôts de drilles et chiffons dans les trois lieues frontières sont permis aux conditions ci-après :

1° La durée du dépôt est de trois ans; la quantité à entreposer est limitée;

2° Les drilles sont déposées dans un magasin offrant toute garantie contre les soustractions;

3° L'entrepositaire tient un registre d'entrée et de sortie des drilles;

4° Le dépôt est soumis à l'exercice des préposés. Ceux-ci ont la faculté d'y faire des recensements.

5° Pour tout transport de drilles au dessus de 25 kil., un acquit-à-caution doit être levé au bureau le plus voisin. (*Règlement adm. commun aux directions de la Manche.*)

Cabotage.

607 — 1313. Cet article doit être terminé par ces mots : La permission du ministre n'est valable que pour un an.

608 — 1314. L'acquit-à-caution destiné à assurer le transport par cabotage des drilles et chiffons est signé du sous-inspecteur, et il doit porter cette indication : « La présente « expédition est faite en vertu du permis spécial de cabotage, accordé par M. le minis- « tre de l'intérieur sous la date du... transmis par l'administration, le... » (*Circ. manusc. du* 7 *mars* 1827.)

609 — 1314. Les drilles et chiffons expédiés d'un port de France pour un autre port doivent être mis en balles. Chaque colis est soumis à la formalité du plombage. (*Déc. minist. du* 18 *février* 1812; *circ. du* 24.)

RECHERCHE DES MARCHANDISES PROHIBÉES, DANS L'INTÉRIEUR DU ROYAUME.

Échantillons des objets saisis.

610 —1322 *bis*. L'expertise faite par le jury, au vu d'échantillons des objets saisis, est régulière, et ne saurait être invalidée par une soustraction opérée dans la partie entière des marchandises, surabondamment soumise à son examen. La reconnaissance de l'intégrité des cachets garantit suffisamment la validité de l'expertise, et n'atténue en aucune manière l'identité légale des objets saisis, avec les échantillons expertisés. (*Arrêt de cass., du* 19 *mai* 1837; *circ. du* 4 *octobre suiv., n°* 1652.)

Mode de répartition du produit des saisies.

611 — 1324 *bis*. Le produit des saisies opérées dans l'intérieur, par des préposés des douanes accompagnés d'un officier municipal ou de police, est divisé en six sixièmes.

1° Un sixième du produit net à l'indicateur. (S'il n'y a pas d'indicateur, voir, quant à la division de ce sixième, l'art. 4 de l'ordonnance.)

2° Un sixième, déduction de la retenue pour les retraites, au trésor.

3° Un sixième à réserver.

4° Les trois autres sixièmes appartiennent à l'officier municipal ou de police, aux agens des douanes qui ont saisi, et aux employés supérieurs des douanes chargés de la direction du service et de la suite des affaires. (*Ordonn. du* 17 *juillet* 1816, *art.* 1er.)

La moitié des trois derniers sixièmes (les trois douzièmes) est répartie par portions égales, après déduction pour les retraites entre le directeur, l'inspecteur, le sous-inspecteur, le receveur, le contrôleur de brigades et le lieutenant d'ordre, comme dans les saisies ordinaires. (Voir l'exemple donné par la circulaire du 6 novembre 1817.) (*Ord. du* 17 *juillet* 1816, *art.* 2, *et circ. du* 22 *septembre* 1817, *n°* 326, *et* 6 *novembre suiv., n°* 339.)

Si des préposés sont détachés extraordinairement hors de leur résidence, les parts dévolues aux chefs supérieurs sont uniquement attribuées à ceux de ces chefs qui ont dirigé et surveillé ce service extraordinaire.

L'autre moitié des trois sixièmes (les trois douzièmes) appartient à l'officier municipal et aux saisissants. (*Ord. précitée, art.* 2 *et* 3.)

Nota. L'ordonnance du 17 juillet 1816 prévoit les cas où les saisies sont faites sans le concours des agents des douanes, ou concurremment par ces agents avec des militaires ou avec des gendarmes. Voir les dispositions qui s'appliquent à ces cas divers.

612—1324 *ter*. Toutes les fois qu'une *saisie à l'intérieur* a donné lieu à une instance portée devant les tribunaux près desquels des chefs de service, *étrangers à la saisie*, ont été appelés à donner des soins actifs et particuliers, ces chefs sont admis au partage, concurremment et pour une portion égale, avec les chefs des *saisissants* du grade correspondant.

Dans les cas prévus par l'article 5 de l'ordonnance du 17 juillet 1816, le directeur et le receveur *vendeurs* conservent chacun l'intégralité du huitième qui leur a été attribué. (*Déc. min. du* 6 *octobre* 1837; *circ. du* 16, *n°* 1654.)

COURRIERS ET CONDUCTEURS DE VOITURES PUBLIQUES.

Courriers.

613 — 1325. Lorsque les courriers des postes françaises sont surpris transportant des objets prohibés à l'entrée, l'amende qu'ils encourent est celle de 500 francs (ou la valeur si la marchandise vaut plus de 500 francs), édictée par la loi du 28 avril 1816, et non celle prononcée par la loi du 4 germinal an 2. (*Déc. adm. du* 31 *juillet* 1834, 22 *octobre* 1836 *et* 12 *septembre* 1837.)

Messagers et conducteurs.

614 — 1335. L'amende encourue par les conducteurs de voitures publiques qui cherchent à importer des objets prohibés, est celle que prononce la loi du 28 avril 1816 (500 francs ou la valeur), et non celle édictée par la loi du 4 germinal an 2. (*Mêmes décisions.*)

PÊCHE DE LA MORUE.

Primes à l'armement.

615 — 1358. La prime à l'armement, accordée par l'état aux bâtiments armés pour la pêche qui se rendent au grand banc de Terre-Neuve ou aux îles Saint-Pierre et Miquelon, n'est pas due pour les bâtiments non pêcheurs. (*Déc. adm du* 11 *mai* 1837.)

Conditions de la pêche.

616—1358 *bis*. Les armateurs qui expédient des navires à la pêche de la morue, soit à la côte de Terre-Neuve, soit aux îles de Saint-Pierre et Miquelon, soit pour les mers d'Islande ou au Dogger-Bank, sont tenus, pour avoir droit à la prime: 1° de déclarer à la marine la destination de l'expédition; 2° de comprendre, dans l'équipage de tout armement pour Terre-Neuve, 50 hommes au moins si le navire jauge 188 tonneaux ou au dessus; 30 hommes au moins, de 118 à 187 tonneaux, et 20 hommes au moins, au dessous de 118 tonneaux; 3° d'effectuer le départ avant le 1er juillet, lorsque le navire a pour destination les îles Saint-Pierre et Miquelon ou les côtes de Terre-Neuve. (*Loi du* 22 *avril* 1832, *art.* 2 *et* 3; *ord. du* 26 *avril* 1833; *circ.* 21 *juin* 1833, *n°* 1385.)

617 — 1358 *ter*. La fixation du nombre d'hommes proportionnellement au tonnage du navire, établie à l'article qui précède, n'est obligatoire que pour la pêche à la côte de Terre-Neuve. Les bâtiments allant au *grand banc* et qui reviennent en France n'y sont pas soumis. Cette disposition n'a été modifiée par l'art. 4 de la loi du 9 juillet 1836 qu'à l'égard des navires envoyés par les armateurs au grand banc avec l'intention de faire sécher leur pêche à Saint-Pierre et à Miquelon. (*Déc. admin. du* 11 *mai* 1837.)

Sels destinés à la pêche.

618 — 1361. *Nota.* Diverses dispositions concernant les sels chargés à bord des navires allant à la pêche, soit que ces navires les reçoivent d'autres bâtiments, soit qu'ils les prennent directement des marais salants ou des entrepôts, ont été indiquées au titre XVI, chap. 13.

Sèches employées comme appât.

619 — 1361 *bis*. Les *sèches* peuvent être employées comme appât dans la pêche de la morue. La quantité de sel à allouer pour la salaison de cette espèce de poisson est fixée

provisoirement à 35 kilogrammes par 100 kilogrammes de sèches. (*Déc. min. du* 21 *septembre* 1836; *lettre adm. du* 7 *octobre suiv.*)

Avitaillement.

620 — 1361 *ter.* L'avantage dont jouissent les navires français allant à la pêche de la morue, de prendre les denrées nécessaires à leur approvisionnement, s'applique aux tabacs; ceux tirés des magasins ou manufactures de la régie peuvent être livrés aux conditions suivantes:

Les tabacs en feuilles des États-Unis d'Amérique, à raison de 130 francs les 100 kil.;

Les tabacs en feuilles indigènes, au prix de 120 francs pour la même quantité.

Quant aux tabacs fabriqués, la livraison en est faite au même prix qu'au commerce, et les équipages de grande pêche sont considérés comme exportateurs et admis à jouir de la prime de 40 p. 0/0 sur les tabacs étrangers, et de celle de 25 p. 0/0 sur les tabacs ordinaires, dont l'allocation est autorisée par la décision ministérielle du 17 janvier 1817 pour les achats qui s'élèvent à 100 kil. au moins. (*Déc. adm. du* 25 *septembre* 1837; *circ. n°* 1650.)

Retour des navires.

621—1362. La déclaration à fournir par un capitaine revenant de la pêche doit être faite, même quand son navire serait au lest. Elle est rédigée en double expédition sur timbre. Sur l'une de ces expéditions, envoyée à la direction, on place en gros caractère le mot *duplicata*. Cette déclaration doit indiquer le *tonnage* du navire; le *nombre* d'hommes d'équipage, *le jour* où la pêche a commencé et *le jour* où elle a fini. (*Lettre adm. du.... novembre* 1834.)

622 —1362 *bis.* Un bâtiment qui, dans le port où il aborde, ne débarque que l'excédant de son équipage avec les coffres et ustensiles de pêche, est considéré comme étant en relâche volontaire; la déclaration n° 3 n'est pas exigée; le capitaine se borne à déposer ses papiers, et à son départ un visa est apposé sur son manifeste pour attester le débarquement tant des hommes que des coffres, et l'intégrité de la cargaison restée à bord. (*Lettre adm. du* 8 *octobre* 1833.)

623—1362 *bis.* Lorsque dans le port de relâche, une portion de la cargaison est débarquée, le visa à apposer au manifeste le mentionne. En pareil cas, les déclarations doivent être reçues; mais c'est seulement au port où se termine le débarquement que le certificat d'admission au privilége est délivré. (*Même lettre.*)

624 — 1365. Au moment où les navires armés pour la pêche effectuent leur retour en France, la bonne qualité de la morue qu'ils rapportent doit être attestée. Ce sont les courtiers de commerce qui sont appelés à reconnaître si la qualité du poisson permet qu'il soit admis. (*Déc. adm. du* 25 *juin* 1828.)

625—1366. La morue et le saumon jouissent, seuls, du privilége national; les autres poissons, comme harengs, maquereaux et autres, si le navire n'a pas été expédié sous acquit-à-caution (voir n° 1755 du Résumé), acquittent les droits d'entrée fixés par le tarif ou sont réexportés. (*Ordonn. des* 14 *août et* 4 *octobre* 1816; *lettre adm. du* 31 *octobre* 1827.)

626—1366 *bis.* Les caplans salés, qui ont été employés comme appât à la pêche de la morue, sont assimilés aux morues; ils peuvent conséquemment, au retour des navires, être mis à la libre disposition des propriétaires, lorsque le droit au privilége national a été reconnu. (*Déc. admin. du* 17 *février* 1837.)

627—1366 *ter.* Si des sèches salées ont été employées comme appât à la pêche, elles sont, au retour du navire, mises en entrepôt pour la réexportation, ou réintégrées dans un atelier ouvert à cette espèce de salaison. Le compte de cet atelier est alors chargé de 35 kil. de sel par 100 kil. de poissons réintégrés. (*Décision administrative du* 17 *février* 1837.)

PÊCHE DE LA BALEINE.

Provisions de bord.

628—1373 *bis.* Les marins des navires français allant à la pêche de la baleine sont autorisés, aux conditions qui sont déterminées (*voir* n° 620 des Supp.), à prendre dans les magasins de la régie des contributions indirectes les tabacs nécessaires à leur approvisionnement. (*Circ. du* 25 *septembre* 1837, *n°* 1650.)

Retour des navires.

629—1375. Le directeur peut admettre au privilége national, sans une autorisation préalable de l'administration, les produits de la pêche de la baleine qui arrivent dans un port de sa direction, lorsque, par suite des vérifications auxquelles il a été procédé, il a pu se convaincre de la régularité de l'opération. (*Déc. admin. du* 19 *juillet* 1822.)

630—1375. Le procès-verbal par lequel la douane établit que le navire pêcheur a satisfait à ses obligations doit indiquer le port de départ de ce navire, le nombre d'hommes d'équipage et les lieux de pêche; il fait connaître aussi le poids *net* des huiles, déduction faite de la tare légale. (*Lettre admin. du* 4 *juin* 1834.)

LIVRES.

Importation.

631—1379. La restriction d'entrée prononcée par la loi du 27 mars 1817 et par les décisions ultérieures, relativement aux livres importés, n'est point applicable aux livres reconnus provenir d'une bibliothèque particulière; ces derniers peuvent être admis par d'autres bureaux que ceux spécialement désignés. Toutefois on ne doit les recevoir qu'après en avoir obtenu l'autorisation de l'administration. (*Lettre admin. du* 18 *décembre* 1817.)

Exportation.

632—1392 *bis.* Les livres que l'on exporte ne sont pas soumis à l'examen politique qu'ont à subir ceux introduits en France. La douane n'a, pour la librairie qui lui est présentée, qu'à en constater le poids et à percevoir les droits du tarif. (*Lettres admin. des* 24 *janvier et* 3 *mars* 1828.)

TABACS.

Importation.

633—1430 *bis.* Les échantillons de tabacs exotiques en feuilles ou fabriqués, adressés à la manufacture de Paris, ou à toute autre, avant que la livraison à la régie ne soit faite, peuvent être expédiés sans autorisation spéciale (1). On ne peut, toutefois, les admettre

(1) Les envois se composent, selon que l'importation a lieu par terre ou par mer, d'une réunion de 100 à 500 échantillons d'un kilogramme chacun. Les quantités qui dépasseraient ces limites ne devraient être admises qu'en vertu d'autorisation.

à leur arrivée de l'étranger que dans les ports ou bureaux ouverts au transit des marchandises prohibées. (Voir n° 707 du Résumé.)

S'il existe une manufacture dans le lieu d'importation, la douane remet les tabacs au régisseur, sans plombage, mais en assurant, par un acquit-à-caution, le transport dans la fabrique.

Les échantillons envoyés à la manufacture de Paris sont expédiés sous les formalités générales du transit, c'est-à-dire sous la garantie du plombage et de l'acquit-à-caution. (Voir nos 720 et suiv. du Résumé.) (*Déc. adm. du* 29 *mars* 1836.)

TABACS DE SANTÉ ET D'HABITUDE.

Provisions de voyage.

634—1432. Les restes de provisions de route, dont les voyageurs, passagers et marins sont porteurs à leur arrivée en France, et qui, lorsqu'ils n'excèdent pas 500 cigares ou un kilogramme de tabac fabriqué, sont admis en acquittant les droits, ne doivent pas être dirigés sur l'entrepôt de la régie le plus voisin.

La perception du droit est faite par le receveur des douanes pour le compte de la régie des contributions indirectes (1). Les recettes sont inscrites sur un registre spécial (n° 79) semblable à celui dont les entreposeurs font usage. Les fonds reçus sont remis, sur sa quittance, au receveur sédentaire ou ambulant de la régie. (*Circ. du* 30 *mars* 1837, *n°* 1616.)

Nota. Les bureaux ouverts à l'importation des tabacs de santé ou d'habitude sont ceux que désigne le tableau joint à la circulaire n° 1616.

Envois à des consommateurs.

635—1432 *bis*. A l'égard des provisions de cigares ou autres tabacs, expédiés directement de l'étranger à des consommateurs domiciliés dans le royaume (2), elles continuent à être dirigées, sous plomb et par acquit-à-caution, sur l'entrepôt de la régie le plus voisin où les droits sont acquittés.

L'autorisation donnée par la régie des contributions indirectes est seule nécessaire pour admettre ces tabacs. Les receveurs des douanes des bureaux par lesquels l'importation s'effectue sont informés, par l'administration, de l'envoi qu'elle a fait de l'autorisation dont il s'agit. (*Circ. du* 30 *mars* 1837, *n°* 1616.)

Tous les trois mois, les directeurs adressent à l'administration l'état des petites parties de tabacs admises sous le paiement des droits, et celui des provisions de cigares ou de tabacs introduites en vertu d'autorisation. (*Même circ.*)

Provisions de bord.

636—1436 *bis*. Les équipages des navires français allant à la pêche de la morue ou de la baleine peuvent prendre dans les magasins ou manufactures de la régie les quantités de tabacs nécessaires à leur approvisionnement, aux conditions qui ont été déterminées de concert par l'administration des douanes et par la régie des contributions indirectes. (Voir n° 620 des Supp.) (*Déc. admin. du* 25 *septembre* 1837 ; *circ. n°* 1650.)

---

(1) Voir, pour la quotité des droits à percevoir, la note 115 du tableau général des droits d'entrée et de sortie publié par l'administration en 1836.

(2) Elles ne sont admissibles, *par mer*, qu'autant que le manifeste en fait mention.

Répression de la fraude.

637—1443. Si un rapport de saisie primitivement rédigé pour fait de simple colportage indique la régie des contributions indirectes comme poursuivante, et que le fait de *l'importation* frauduleuse se révèle à l'audience, soit par l'aveu du prévenu, soit par les résultats de l'instruction, le délit rentre dans la classe de ceux dont la poursuite est confiée à l'administration des douanes, qui, dans ce cas, rembourse à la régie les frais qu'elle a faits. (*Circ. du* 18 *septembre* 1837, *n°* 1649.)

638—1443. Lorsqu'il y a *aveu* de l'importation frauduleuse des tabacs, fait au moment de la saisie et dûment constaté au procès-verbal, cet aveu équivaut à la présence des marques de fabrication étrangère, et entraîne, aussi bien que l'existence même de ces marques, la compétence de la douane comme administration poursuivante. (*Circ. du* 18 *septembre* 1837, n° 1649.)

Nota. En pareil cas on doit avoir soin de consigner clairement les aveux.

639—1443. Lorsque la saisie faite à l'importation a lieu sur un courrier ou sur un conducteur de voitures publiques, l'amende encourue, si la marchandise est prohibée, est celle de 500 francs (ou la valeur des objets) édictée par la loi du 28 avril 1816, et non celle que prononce l'art. 7 de la loi du 4 germinal an 2. Les malles-postes étant la propriété du gouvernement, on ne doit pas les saisir. (*Déc. admin. des* 31 *juillet* 1834, 22 *octobre* 1836 *et* 12 *septembre* 1837.)

Primes d'arrestation.

640—1446. La prime de 15 francs accordée par l'article 1er de l'ordonnance du 31 décembre 1817, pour l'arrestation des colporteurs, est acquise aux préposés des douanes pour chaque individu arrêté contre lequel il a été rédigé un procès-verbal constatant la saisie de 50 décagrammes (une livre métrique) ou plus de tabacs de fraude.

La prime est pareillement acquise, même pour une quantité inferieure à 50 décagrammes, lorsque le procès-verbal établit qu'il y a eu précédemment, de la part du contrevenant, tentative répétée de plusieurs introductions dans un court intervalle de temps.

Il est fait exception aux règles qui précèdent :

1° Lorsqu'une quantité quelconque de tabacs, saisie sur une réunion de contrebandiers, ne représente pas 50 décagrammes par individu.

2° Lorsqu'une arrestation ayant été faite pour tentative frauduleuse d'importation de marchandises diverses, quelques quantités de tabacs se trouvent mêlées à ces mêmes marchandises dans la proportion de moins de 50 décagrammes par personne arrêtée. (*Déc. admin. du* 12 *avril* 1837 ; *circ. n°* 1618.)

ARMES.

Importation.

641—1450. Les armes de guerre étrangères qui se trouvent à bord d'un navire arrivant en France peuvent être reçues en entrepôt réel dans les ports où cet entrepôt existe ; mais, à moins que leur admission en France ne soit autorisée par le ministre de la guerre, on doit les réexporter.

Le transit leur est interdit. (*Loi du* 9 *février* 1832, *art.* 1er.)

Prohibitions.

642—1458 *bis*. Les fusils et pistolets à vent, les pistolets *de poche*, et toutes les armes cachées et secrètes dont la fabrication, l'usage et le port sont interdits par les lois, sont prohibés à l'entrée du royaume. On ne peut les admettre ni pour la consommation, ni pour l'entrepôt, ni pour le transit. Celles de ces armes déclarées sous leur propre dénomination doivent être immédiatement réexportées. (*Tarif officiel; ordonn. du* 23 *février* 1837; *circ. du* 13 *mars suiv.*, *n°* 1606.)

Transit.

643—1462 *bis*. A moins qu'une autorisation spéciale du ministre de la guerre ne le permette, les armes de guerre ne peuvent être expédiées en transit dans aucun sens. (*Loi du* 9 *février* 1832, *art.* 1er, *tableau n°* 1.)

POUDRES A FEU.

Importation.

644—1472. L'amende de 20 francs 44 centimes dont est punie l'importation frauduleuse des poudres à feu, par l'article 21 de la loi du 13 fructidor an 5, ne cesse pas d'être encourue dans le cas d'introduction. La loi du 13 fructidor an 5, spéciale au régime des poudres, n'a reçu aucune atteinte des dispositions générales de la loi du 28 avril 1816. (*Arrêt de la cour royale de Metz*, *du* 6 *septembre* 1837; *circ. du* 21 *octobre suiv.*, *n.* 1659.)

Exportation.

645—1482. Aux titres cités ajouter : déc. admin. du 15 novembre 1836.

LETTRES ET JOURNAUX.

646—1491. Les procès-verbaux que rapportent les préposés des douanes, pour constater la saisie des lettres et journaux transportés en fraude, doivent être rédigés sur papier timbré, être affirmés et enregistrés. (*Circ. manus. du* 22 *novembre* 1836.)

GRAINS.

Réexportation.

647—1505 *bis*. Les peines encourues pour fraude à la réexportation des grains sont celles ci-après :

Si l'*embarquement* et le *départ* pour l'étranger des objets compris dans la déclaration de sortie d'entrepôt ne sont pas dûment constatés, les propriétaires doivent être contraints à payer la valeur des marchandises en déficit, et l'amende encourue pour leur introduction frauduleuse.

Si la fraude est découverte *lors de l'embarquement*, ou pendant que le navire est encore dans le port, l'amende est de 500 francs ou de 100 francs, suivant que la marchandise est ou non prohibée à l'entrée.

Si la fraude est constatée hors de l'enceinte du port, l'amende est de 100 francs, si la marchandise paie moins de 20 francs le quintal; de 500 francs, si elle paie davantage, ou si elle est prohibée et que la valeur soustraite n'excède pas cette somme; enfin, elle est égale à la valeur, quand cette valeur excède 500 francs. (*Loi du* 22 *août* 1791, *art.* 13, *tit.* 2; *art.* 1er, *titre* 5; *loi du* 28 *avril* 1816, *art.* 45; *loi du* 21 *avril* 1818, *art.* 45, *et déc. adm. du* 22 *avril* 1837.)

CHAPITRE XX.—LOTERIES ÉTRANGÈRES.

Prohibition.

648—1513 *bis*. Les loteries étrangères de toute espèce sont prohibées en France. Les personnes qui colportent ou distribuent des billets, ou qui, par des avis, annonces, affiches, font connaître l'existence de ces loteries, encourent les peines prononcées par les articles 410 et 411 du Code pénal. (*Loi des* 9 *vendémiaire,* 9 *germinal an* 6 *et* 21 *mai* 1836.)

649—1513 *ter*. Les employés des douanes sont appelés à seconder les recherches et l'action de la justice pour le maintien de cette prohibition. Les contraventions, lorsque leur surveillance leur en fait découvrir, doivent être immédiatement constatées par procès-verbaux de saisie, rédigés à la requête du ministère public. Ces actes, faits sur papier libre, et où sont rappelés les noms, prénoms, profession et domicile du contrevenant, sont transmis immédiatement au procureur du roi de l'arrondissement. (*Circ. du* 28 *novembre* 1837, *n°* 1663.)

TITRE XV.

COLONIES ET COMMERCE DE L'INDE.

Produits de Pondichéry.

650—1514. Les sucres venant de Pondichéry cessent de jouir de l'avantage que leur avait accordé l'ordonnance du 15 octobre 1833; les droits qu'ils doivent acquitter, ainsi que les autres objets importés arrivant de ce comptoir, sont ceux dus sur les marchandises venant de l'Inde. (*Loi du* 17 *mai* 1826; *circ. du* 15 *juillet* 1836, *n°* 1550, *page* 10.)

MARCHANDISES DONT SE COMPOSENT LES CHARGEMENTS.

Sels embarqués comme provisions de bord.

651—1522. Les sels embarqués comme provisions de bord, sur les bâtiments armés pour le commerce des colonies françaises, sont exempts des droits de sortie. (*Déc. admin. du* 16 *mars* 1836.)

Mouchoirs de l'Inde.

652—1523. On peut comprendre dans les chargements à destination de la Martinique et de la Guadeloupe, outre les madras de l'Inde, les autres mouchoirs de l'Inde en coton teint en fil. (*Ordonn. du* 25 *juillet* 1837, *art.* 5; *circ. du* 2 *août* 1837, *n°* 1645.)

Nota. L'ordonnance du 10 octobre 1835 a été confirmée par une ordonnance du 25 juillet 1837.

653—1524 *bis*. Le droit d'importation, dans les colonies de la *Martinique* et de la *Guadeloupe,* des marchandises arrivant de la métropole, et qui ne sont comprises en aucun des tableaux joints à l'ordonnance du 5 février 1826, peut être élevé jusqu'au taux de 3 p. 0/0 de la valeur. (*Ordonn. du* 25 *juillet* 1837, *art.* 5; *circ. du* 2 *août suiv.*, *n°* 1645.)

Voitures locomotives.

654—1526 *bis*. Jusqu'au 1er janvier 1838, les gouverneurs généraux des îles de la Martinique et de la Guadeloupe sont autorisés, sur la demande des conseils privés, à permettre, à titre d'essai, l'importation des machines à vapeur dites *voitures locomotives*, propres au transport des récoltes et au service intérieur des sucreries, moyennant un droit de 4 p. 0/0 de la valeur. (*Ordonn. du* 1er *novembre* 1836 ; *circ. du* 2 *août* 1837, *n°* 1645.)

Marchandises de réexportation.

655—1529. La douane peut autoriser les bâtiments se rendant aux colonies françaises à réexporter pour les pays hors d'Europe qui se trouvent sur leur route, ou au delà de ces colonies, les marchandises non prohibées sortant d'entrepôt. (*Déc. admin. du* 2 *juin* 1832.)

Plombage.

656—1531. Il y a exemption de plombage pour les clous expédiés pour les colonies françaises et pour les chaînes à bœufs ayant la même destination.

Lorsque des marchandises sont réexpédiées de l'entrepôt de *Nantes*, ce ne sont pas les *colis* qui sont plombés ; on plombe les *écoutilles* de l'allége (ou du navire) sur laquelle les objets sont chargés. (*Déc. admin. du* 31 *décembre* 1817.)

Viandes et beurres salés.

657—1533. Lorsque des viandes et des beurres salés sont expédiés d'un port en rivière pour les colonies françaises, leur destination, jusqu'au dernier bureau de sortie, doit être assurée par un acquit-à-caution, afin, en cas de non exportation, de garantir le paiement des droits sur le sel qui a servi à leur préparation. (*Déc. admin. du* 9 *août* 1830.)

RETOUR DES NAVIRES EN FRANCE.

Privilége colonial.

658—1537. Le privilége de la modération des droits est accordé aux navires français arrivant directement des colonies, encore bien qu'ils aient été expédiés pour la pêche, dès qu'ils sont sortis d'un port ouvert au commerce de ces colonies. (*Déc. admin. du* 29 *mars* 1822.)

Le privilége colonial est également accordé aux marchandises de nos colonies, bien qu'il se trouve dans le même navire des marchandises prises à l'étranger, pourvu que la condition du retour direct des colonies en France se trouve régulièrement accomplie. (*Déc. adm. du* 27 *décembre* 1822.)

659—1538. Lorsque des marchandises se trouvant à bord d'un navire venant des colonies sont saisies comme ayant été omises en la déclaration du capitaine, ces marchandises ne jouissent pas du privilége colonial. (*Lettre admin. du* 3 *août* 1816.)

660—1541. Les bois de teinture étrangers, apportés de la Guadeloupe et de la Martinique en France, ne sont pas admis à jouir de la modération des droits. (*Lettre admin. du* 6 *décembre* 1834.)

Nota. Après le 1er § de l'art. 1541 ajouter : *Lettre adm. des* 20 *juin* 1823 *et* 20 *décembre* 1834.

Marchandises prises sous voiles.

661—1550. Les marchandises et denrées venant de Cayenne ou de Bourbon, qui ont été prises sous voiles au moment du départ des navires, ne sont pas admises à jouir des droits modérés. (*Ordonn. du* 22 *octobre* 1817 ; *circ. du* 29 *du même mois.*)

Dispositions diverses.

662—1552. Les denrées coloniales provenant des îles de la *Martinique* et de la *Guadeloupe* sont affranchies des droits de douanes à la sortie de ces îles. (*Ordonn. du* 25 *juillet* 1837, *art.* 3; *circ. du* 2 *août suiv. n°* 1645.)

Sénégal et île de Gorée.

663—1559—10. Lorsque des marchandises allant au Sénégal sont extraites de l'entrepôt de *Nantes*, ce ne sont pas les *colis* qui sont soumis au plombage pour assurer leur transport jusqu'au bas de la Loire ; on ne plombe que les *écoutilles* de l'allége (ou du navire) renfermant ces marchandises. (*Déc. admin. du* 31 *décembre* 1817.)

664—1561. Les toiles peintes dites *guinées*, qui sont réexportées pour l'île de Gorée, doivent être soumises aux conditions de celles réexpédiées pour le Sénégal. (*Voir* n° 1559.) (*Lettre admin. du* 24 *janvier* 1835.)

Retour des marchandises invendues.

665—1564. Les vieux fers, ou les débris en fer, ou en fonte, de machines usées dans les colonies, lorsque leur origine est dûment établie et que les douanes coloniales en ont constaté l'embarquement, peuvent être réimportées en France, en franchise de droits. Les directeurs, sur la représentation des certificats réguliers qu'on leur présente, donnent l'autorisation nécessaire. (*Déc. du min. des finances*, *du* 10 *décembre* 1833 ; *circ. n°* 1416.)

666—1565 *bis*. Les marchandises rapportées de *Cayenne* en France ne sont pas admises à jouir de la franchise des droits. (*Lettre admin. du* 30 *mars* 1836.)

Les grains et farines chargés aux colonies en retour pour la France ne peuvent jouir du bénéfice du retour. (*Déc. admin. du* 2 *février* 1837.)

667—1571. Le *nota* mis à cet article doit disparaître ; l'avantage qu'il rappelle a cessé d'être accordé aux sucres de *Pondichéry*. (*Voir la circ.* 1550.)

Iles de la Sonde.

668—1574. La remise du cinquième des droits d'entrée concédée par la loi du 2 juillet 1836 est accordée à la *provenance* et non à *l'origine ;* ainsi une cargaison prise à Ceylan, transportée à Singapour et importée en France, a droit au privilége du droit modéré. (*Déc. admin. du* 11 *mai* 1836.)

669—1575 *bis*. Si, avant que l'admission définitive des marchandises au droit modéré n'ait été autorisée, ces marchandises ont été dirigées par le consignataire du port d'arrivée sur un autre port, un relevé indiquant la nature et la quantité des objets expédiés est envoyé à l'administration. (*Lettre admin. du* 20 *octobre* 1836.)

TITRE XVI.

SELS.

SELS EXTRAITS DES MARAIS SALANTS.

Mesureurs.

670—1593. Les mesureurs de sel, hommes de peine, travailleurs et ouvriers salariés par le commerce, agréés par la douane et commissionnés par les directeurs, ne sont pas assujétis à la formalité du serment. (*Déc. admin. du* 22 *août* 1829.)

Droit de consommation.

671—1603. Les sels destinés aux provisions de bord des équipages des navires français allant aux colonies sont exempts du droit de consommation. (*Circ. du* 16 *mars* 1836.)

672—1606. L'escompte accordé à ceux qui paient comptant le droit de consommation sur les sels est étendu aux perceptions de 300 francs et plus, résultant d'une même déclaration. (*Loi du* 26 *avril* 1833 ; *circ. du* 30, *n°* 1381.)

SELS EXPÉDIÉS PAR EAU POUR LES PORTS DE FRANCE.

673—1611. Lorsqu'un chargement de sel se trouve avoir plusieurs ports français pour destination, la mise des sels en sacs peut être remplacée par la séparation des masses de sel dans la cale, au moyen de planches ou de nattes. (*Lettre admin. du* 6 *février* 1836.)

674—1628. Aux titres cités relativement à l'excédant qui dépasse le vingtième, ajouter : loi du 24 avril 1806, art. 57.

Sels avariés.

675—1631 et 1636. Lorsque des bâtiments chargés de sel sont en état d'avaries, l'acte extra-judiciaire à signifier au capitaine doit être rédigé sur papier timbré ; on doit aussi le soumettre à la formalité de l'enregistrement. (*Lettre admin. des* 4 *février et* 11 *mars* 1835.)

676—1635. Les rapports adressés à l'administration pour obtenir la réfaction des droits sur les chargements de sel en avarie doivent être appuyés du rapport du capitaine, affirmé par l'équipage, des procès-verbaux de vérification, et de l'acquit-à-caution déchargé pour la quantité reconnue. (*Circ. n°s* 512 *et* 973.)

CIRCULATION DES SELS.

677—1687 *bis*. Il n'y a que les sels *neufs* qui puissent circuler dans le rayon des douanes avec un acquit de paiement ou un congé. Une expédition de ce genre ne saurait, en aucun cas, légitimer un transport de sels qui auraient servi à une préparation quelconque de poisson.

Les tribunaux correctionnels peuvent seuls connaître de la saisie opérée dans cette circonstance, lorsqu'elle a été faite dans le rayon des frontières de terre. (*Jug. du trib. de Dunkerque, du* 4 *février* 1837; *circ. du* 23 *mars suiv.*, *n°* 1613.)

ENTREPOTS.

Entrepôt général.

678—1691. Un entrepôt réel et général des sels est accordé à la ville de *Tréport*. (*Ordonn. des* 17 *mars* 1836 *et* 25 *juillet* 1837; *circ. du* 2 *août* 1837, *n°* 1645.)

Entrepôt spécial.

679—1725 *bis*. On peut affranchir de la taxe de consommation les déficit reconnus sur des sels *qui avaient été réintégrés* en entrepôt spécial lorsque les sels ont été placés séparément dans cet entrepôt et mis en sacs ou en barils. (*Déc. admin. des* 7 *septembre* 1836 *et* 27 *juillet* 1837.)

PÊCHE ET SALAISONS.

Sels destinés à la pêche lointaine.

680—1748. L'obligation de tirer les sels destinés à la grande pêche, des entrepôts généraux, ou directement des marais salants, n'est pas applicable aux ports de *Saint-Servan*, *Pornic*, *Paimpol* et *Tréguier*. (*Déc. admin. des* 18 *février et* 4 *mars* 1817.)

681—1748 *bis*. La vérification des sels sortant d'entrepôt pour la pêche de la morue doit être faite à bord du bâtiment exportateur. C'est là que l'on réunit les ustensiles nécessaires. Une surveillance particulière est, en même temps, exercée par les agents des douanes sur le transport qui a lieu depuis l'entrepôt jusqu'au navire. (*Déc. admin. des* 20 *et* 29 *août* 1829.)

Nota. La déclaration que fait l'armateur est inscrite au registre série S, n° 30, et l'on délivre le permis n° 17 (même série).

Sels arrivant pour la pêche et non immédiatement débarqués.

682—1750 *bis*. Lorsqu'un navire, arrivé des marais salants quelque temps avant la pêche, conserve son sel à bord pour le verser plus tard sur le bâtiment qui doit le recevoir, la quantité exprimée sur son acquit-à-caution peut être prise pour réelle sans procéder au mesurage ni au pesage, si le tirant d'eau du bâtiment, sa hauteur hors de l'eau et l'état de la cargaison, sont en concordance avec l'énoncé de l'expédition. En pareil cas, l'armateur déclare que son chargement est destiné pour la pêche de la morue, et la douane exige de lui une soumission particulière d'*entrepôt à bord* (1), portant engagement de payer le droit de consommation, en cas de vérification, sur le déficit que pourrait présenter la quantité *au brut* ainsi entreposée.

Les écoutilles du bâtiment et autres issues communiquant à la cargaison doivent être fermées sous la double clef de la douane et du commerce. (*Circ. n°* 960, *et déc. admin. du* 24 *janvier* 1826.)

683—1750 *ter*. Si un bâtiment à bord duquel se trouvent des sels, et dont les écoutilles sont fermées, réclame des réparations qui exigent l'ouverture des écoutilles, la douane, dans l'intérêt du trésor, peut faire opérer le déchargement avec vérification, et faire mettre les sels en entrepôt. Elle s'en dispense si le navire peut être radoubé sans que

(1) La soumission est reçue séparément sur papier timbré; les quantités ne figurent pas dans les écritures de l'entrepôt.

l'on soit obligé de communiquer avec l'intérieur de la cale. (*Déc. admin. du 24 janvier 1826.*)

Lorsqu'il arrive que des sels restés en entrepôt à bord d'un bâtiment, n'étant plus destinés pour la pêche, sont livrés à la consommation, mis en entrepôt, ou transbordés, la vérification complète a lieu, et s'il existe un déficit au dessus du 20ᵉ, ce déficit est passible des droits, les avaries survenues dans le port n'étant pas admissibles. (*Déc. admin. du 24 janvier 1826.*)

684—1750 *ter*. Si le capitaine d'un navire, ayant des sels qui doivent être transbordés pour la pêche, déclare avoir éprouvé des avaries, et que, par ce motif, l'armateur demande à être dispensé de la vérification, les employés examinent d'abord attentivement l'état du bâtiment; si aucun indice d'avaries ne se manifeste, ils font une vérification *complète* du chargement; ils s'en dispensent, au contraire, si l'avarie annoncée leur paraît certaine. (*Déc. adm. du 29 avril 1829.*)

Lorsqu'un chargement de sel destiné pour la pêche a été admis sans vérification complète, l'acquit-à-caution doit être déchargé dans la forme suivante : « Nous..., certifions « avoir reconnu par le tirant d'eau du navire, qui est de..., et par le bon état de la cargai- « son, conformes l'un et l'autre aux détails énoncés de l'autre part, que les quantités de « sel portées au présent sont restées à bord pour la destination de la pêche nationale. » (*Déc. min. du 24 janvier 1826.*)

Transbordement des sels.

685—1750 *quater*. Un armateur peut faire transborder sur un ou plusieurs navires destinés à la pêche une portion d'un chargement arrivé des marais salants. Dans ce cas, la quantité transbordée est soumise au mesurage et au pesage. Si cependant la quantité restant à bord devait être mise en consommation ou en entrepôt, c'est celle-ci seulement qui devrait être mesurée et pesée. (*Déc. admin. des 30 juillet 1829, et 6 mai 1836.*)

Nota. Le *boni* se détermine, pour la partie mise en consommation ou en entrepôt, par une règle de proportion ainsi posée : *Le chargement total est à la quantité livrée à la consommation ou mise à l'entrepôt; comme le 20ᵉ de ce chargement est à un 4ᵉ terme qui sera le boni alloué.* (*Déc. admin. du 24 janvier 1826.*)

Passavant.

686—1750. Le passavant qu'obtient un capitaine partant pour la grande pêche doit indiquer la portion de boni qui est afférente aux sels extraits des marais salants ou des entrepôts; il fait connaître aussi si le sel a été expédié avec ou sans vérification. Dans ce dernier cas, il énonce la quantité *au brut* portée dans l'acquit-à-caution qui accompagnait le chargement simplement transbordé. (*Déc. adm. du 24 janvier 1826.*)

Pêche simultanée de la morue et du hareng.

687—1751. Lorsqu'un armateur déclare vouloir se livrer simultanément à la pêche de la morue et à celle du hareng, il est tenu de fournir une soumission cautionnée par laquelle il s'oblige à représenter le sel en nature ou en préparation de poissons, savoir : *le hareng* dans la proportion qu'indique, suivant l'espèce, le tableau joint à l'ordonnance du 30 octobre 1816; la morue *rapportée en tonnes*, dans la proportion de 75 kil. de sel par tonne de 116 kil., et les *morues sèches*, à raison de 6 kil. par morue. (*Déc. admin. des 15 juillet et 4 novembre 1830.*)

688—1751. Pour chaque armement ayant pour objet la pêche de la morue et celle du hareng, il est tenu sur le registre à souche, série S, n° 28 (on le modifie en conséquence) un compte spécial dont le relevé est remis au capitaine ; à la fin de la pêche ce compte est arrêté et balancé dans la même forme que celui tenu pour la pêche exclusive du hareng en vertu de la circulaire du 16 octobre 1821. (*Déc. admin. des 15 juillet et 4 novembre 1830.*)

PETITE PÊCHE.

Futailles vides.

688 *bis*—1757 *bis*. Les fûts vides, embarqués sur les bateaux de petite pêche, sont considérés comme ustensiles de pêche. Ils peuvent être embarqués avec un simple permis, au lieu d'un acquit-à-caution, lorsque le total de la contenance de ces fûts, quel qu'en soit le nombre, ne dépasse pas le taux de 600 litres par tonneau de jauge du bateau pêcheur. (*Circ. du* 7 *janvier* 1837, *n°* 1599.)

SELS ALLOUÉS POUR LES SALAISONS.

689—1758. Les pêcheurs du port de *Trentemoux*, direction de Nantes, jouissent, par exception, de la fixation de 75 kil. de sel par 100 kil. de gros poisson salé en vert qu'ils représentent en vrac au retour de la pêche. (*Déc. admin, du* 3 *juillet* 1817.)

Sels de Coussins.

690—1768. La soumission reçue pour le sel de Coussins entreposé doit porter la mention expresse que le sel sera réexpédié pour la pêche de l'année suivante. A l'expiration de cette année le sel est submergé par les entrepositaires à leurs frais ; aucune prolongation d'entrepôt ne peut être accordée. (*Circ. du* 19 *janvier* 1822, *n°* 702.)

Si, à la sortie de l'entrepôt des sels de Coussins, il existe un déficit, il en est référé à l'administration, qui, d'après les circonstances dont on l'informe, décide s'il y a lieu à exiger le paiement des droits sur ce déficit. (*Circ. précitée et lettre admin. du* 14 *octobre* 1831.)

691—1771. Lorsque des sels de Coussins, déclarés au retour immédiat de la pêche, ou qui ont été entreposés conformément à l'ordonnance du 30 octobre 1816, pour la pêche suivante, sont expédiés pour un port d'armement, on ne peut les entreposer dans ce nouveau port qu'autant que les armateurs fournissent, pour les mettre en dépôt, un local spécial et unique, de manière à ce que la denrée y soit placée sous toutes les conditions de l'entrepôt réel. Toutefois, aucune expédition de l'espèce n'a lieu qu'autant que l'administration l'a autorisée. (*Déc. admin. du* 19 *juillet* 1837.)

Sels immondes dits *ressels* et *saumures*.

692—1772. Il y a contravention à l'article 45 du décret du 11 juin 1806, et il y a lieu conséquemment à l'application de l'ordonnance du 30 octobre 1816, si des ressels ou saumures sont introduits clandestinement dans des ateliers de rapaquage, ou dans les lieux communiquant avec ces ateliers.

L'ordonnance précitée du 30 octobre 1816 est obligatoire pour les tribunaux. (*Jugement du tribunal de Dunkerque, du* 4 *février* 1837 ; *circ. du* 23 *mars* 1837, *n°* 1612.)

Droit de permis.

693—1781. Lorque, après la pêche terminée, des sels non employés par les capitaines sont, en vertu de permis, rétablis en entrepôt ou replacés sur les salins, il n'est dû aucun droit pour ce permis. (*Déc. admin.*)

Décime sur les amendes.

694—1782. Le triple droit à exiger avec amende, lorsque la quantité de sel consommée en salaisons n'est pas proportionnée à la quantité de poisson représentée, est passible du décime comme l'amende elle-même. (*Lettre admin. du* 16 *février* 1808.)

Troque.

695—1840. *Nota.* Une ordonnance du 17 juillet 1837 indique quels sont les individus à qui il est délivré des sels pour les échanger contre des grains.

Contravention aux réglements.

696—1871. Les petites embarcations employées sur les marais salants aux transports frauduleux des sels sont dépecées et leur produit est abandonné aux saisissants, quand, à la vente, elles n'atteignent pas le prix de quinze francs. (*Déc. adm. des* 22 *décembre* 1815 *et* 17 *mai* 1837.)

TITRE XVII.

CONSTATATION DES DÉLITS ET CONTRAVENTIONS.

Forme obligée des procès-verbaux.

697—1875. Lorsque la contravention commise ne présente aucune importance ; qu'il s'agit surtout d'un excédant donnant lieu au paiement du double droit ; que le contrevenant est connu par l'exactitude de ses relations, et enfin que les chefs de la localité sont à ce sujet d'un avis unanime, on peut suppléer au procès-verbal par un simple acte de reconnaissance du délit que signe le contrevenant. Il faut toutefois que cet acte soit daté et rédigé sur papier timbré. (*Lettre admin. du* 28 *mars* 1837.)

698—1881. L'obligation de rédiger *de suite* un rapport de saisie est nécessairement subordonnée à la possibilité matérielle d'accomplir cette formalité. Ainsi, l'observation des réglemens sanitaires est un motif admissible de la non-exécution du vœu de la loi. (*Arrêt de la cour royale d'Aix, du* 14 *juin* 1837 ; *circ. du* 3 *août suiv.*, *n°* 1646.)

699—1882. Les frais qui ont été occasionnés pour le transport des marchandises du lieu où la saisie a été effectuée, à celui du dépôt, doivent être compris dans la liquidation de ceux qui tombent à la charge des prévenus. (*Jugement du tribunal correctionnel de Strasbourg, du* 14 *décembre* 1836, *et lettre admin. du* 30 *janvier* 1837.)

701—1882. Dans les cas où la loi a ordonné la saisie des *moyens de transport*, la confiscation doit porter également sur les autres marchandises du chargement qui auraient servi à couvrir l'introduction des objets prohibés. Ces marchandises sont alors considérées comme *moyens de transport.* (*Arrêt de la cour royale de Metz, du* 6 *septembre* 1827; *circ. du* 6 *novembre suiv., n°* 1661.)

701—1894 *bis.* L'obligation imposée par la loi, d'énoncer au procès-verbal le nom et la qualité du gardien des marchandises saisies, doit être remplie, alors même que ces marchandises sont laissées à la garde de quelques uns des saisissants, sous peine de nullité. (*Arrêt de cass., du* 8 *décembre* 1835 ; *circ. du* 17 *mai* 1837, *n°* 1621.)

702—1934. Si, par un cas de force majeure, les rédacteurs d'un procès-verbal sont dans l'impossibilité de l'affirmer en temps utile, ils doivent se retirer devant le maire ou son adjoint; requérir ce magistrat de recevoir leur déclaration du cas de *force majeure*, et, *en tant que de besoin*, l'affirmation de leur procès-verbal, avec réserve de se transporter devant le juge de paix pour réitérer l'affirmation légale aussitôt que la force majeure aura cessé. Le refus que ferait le juge de paix, ou son suppléant, de recevoir l'affirmation, devrait être énoncé dans la déclaration faite au maire ou à son adjoint.

Si les préposés se trouvent retenus dans un lieu où il n'y a aucune autorité, leur rapport peut être rédigé en deux contextes : dans le premier, ils annoncent que le rapport sera clos lorsque la force majeure aura cessé, et dès qu'ils sont à même de remplir les formalités voulues par la loi, le procès-verbal est clos par le second contexte. (*Circ. du* 14 *avril* 1837, *n°* 1619.)

703—1941. L'omission des formalités prescrites, à peine de nullité, pour la validité des rapports en matière *ordinaire* de douanes, n'entraîne pas la nullité des procès-verbaux rédigés pour constater les *saisies faites dans l'intérieur* du royaume, en vertu de la loi du 28 avril 1816. (*Arrêt de la cour royale d'Aix, du* 14 *juin* 1837; *circ. du* 27 *septembre* 1837, *n°* 1651.)

704—1942. La nullité ou même l'absence d'un procès-verbal de saisie ne forme pas obstacle aux poursuites que l'administration peut diriger, en matière correctionnelle, contre un ou plusieurs prévenus, lorsque, d'ailleurs, la preuve matérielle du délit de contrebande, résulte, soit d'une enquête, soit de l'aveu, soit de la correspondance de ces mêmes prévenus. (*Arrêts de la cour royale d'Aix, du* 19 *avril* 1837 ; *jugement du tribunal correctionnel de Bourgoin, du* 28 *juillet* 1836; *lettre admin. du* 26 *juin* 1837, *et circ. lithog. du* 31 *décembre* 1836.)

Inscription de faux.

705—1945 *bis*. Un prévenu qui veut s'inscrire en faux contre un rapport, est tenu d'en faire la déclaration par écrit, *au plus tard*, à l'audience indiquée par la sommation, pour comparaître devant le tribunal qui connaît de la contravention. La remise de la cause prononcée par le juge *à la première audience* n'entraîne pas la prolongation du délai fatal. (*Art.* 12, *titre* 4, *de la loi du* 9 *floréal an* 7; *arrêt de cass. du* 31 *décembre* 1836, *et circ. du* 16 *février* 1837, *n°* 1603.)

706—1945 *ter*. Lorsqu'un prévenu s'est laissé condamner par défaut, il ne peut plus s'inscrire utilement en faux contre le procès-verbal, bien que, dans le but de faire rapporter la sentence qui le condamne, il y ait formé opposition. Ce n'est qu'à la première audience au plus tard, *indiquée par la sommation de comparaître*, que l'inscription de faux peut être déclarée. (*Jugement du tribunal correctionnel de Lille, du* 24 *mai* 1837 ; *circ. du* 7 *juin suiv.*, *n°* 1628.)

ASSIGNATION ET CITATION.

707—1946. En matière de responsabilité civile, la citation doit être donnée par un acte séparé, aux maîtres et parens du prévenu ; l'affiche du rapport ne peut tenir lieu de cette citation. (*Lettre admin. du* 25 *août* 1836.)

708—1950. Le délai de la citation qui est donnée, en matière correctionnelle, à un prévenu *résidant à l'étranger*, reste tel que l'a fixé l'article 45 de la loi du 28 avril 1816; il ne doit pas être augmenté en raison des distances. (*Jugement du tribunal civil de Lille, du* 24 *mai* 1837; *circ. du* 8 *juin suiv.*, *n°* 1629.)

VENTE DES MARCHANDISES SAISIES.

709—1974. La vente des marchandises saisies peut être faite par les receveurs des douanes, sans l'intervention des courtiers de commerce ou autres officiers ministériels, attendu que la *qualité légale* d'officier public qui leur a été conférée ne leur a été enlevée par aucune disposition législative. (*Loi du 4 germinal an 2, titre 6, art. 14; loi du 14 fructidor an 3, art. 7; arrêt de cass., du 7 mai 1832, et circ. du 9 janvier 1837, n°* 1600.)

SAISIES IRRÉGULIÈREMENT CONSTATÉES.

710—1985 *bis*. La nullité ou même l'absence d'un procès-verbal de saisie ne forme pas obstacle aux poursuites que l'administration peut diriger en matière correctionnelle contre un ou plusieurs prévenus, lorsque d'ailleurs la preuve matérielle du délit de contrebande résulte, soit d'une enquête, soit de l'aveu, soit de la correspondance de ces mêmes prévenus. (*Arrêt de la cour royale d'Aix, du* 19 *avril* 1837; *jugement du tribunal correctionnel de Bourgoin, du* 28 *juillet* 1836; *lettre admin du* 26 *juin* 1837, *et circ. lithog. du* 31 *décembre* 1836.)

REVENDICATION DES OBJETS SAISIS.

711—1989. Un propriétaire de marchandises saisies ne peut revendiquer ces marchandises en justice, alors même que le procès-verbal des agens des douanes aurait été rédigé contre des inconnus. (*Arrêt de cass., du* 7 *août* 1837; *circ. du* 20 *octobre* 1837, *n°* 1658.)

TRANSACTIONS.

712—1999. Lorsque l'exécution de la transaction passée entre le receveur des douanes et la partie saisie se trouve garantie par un cautionnement, cette obligation, accessoire à l'obligation principale, est soumise à un droit fixe d'enregistrement de 1 franc. (*Lettre admin. du* 13 *août* 1835.)

PROCÉDURE.

Poursuite en matière civile.

713—2022. L'administration des douanes a le droit de faire instruire les procès qui la concernent en matière civile, sur simple mémoire et sans l'intervention d'un avoué. La loi du 7 septembre 1790, lui confère ce droit. (*Arrêt de cass., du* 10 *décembre* 1821; *jugement du tribunal de Bordeaux, du* 27 *janvier* 1835; *circ. du* 31 *mai* 1837, n° 1625.)

RÉPARTITIONS.

Répartitions aux saisissants.

714—2036 *bis*. Lorsqu'une saisie a été effectuée par suite d'un avis donné aux employés du service actif par un vérificateur, celui-ci doit être compris dans la répartition du produit comme saisissant. (*Instruc. admin. du* 6 *janvier* 1836.)

Répartition aux chefs non saisissants.

715—2036 *bis*. Un sous-inspecteur sédentaire n'a pas droit à une part de chef dans le produit d'une saisie qui aurait été faite sans le concours des employés de bureau. (*Déc. admin. du* 15 *février* 1834.)

Saisies faites par les militaires seuls.

716—2036 *bis.* Dans les saisies effectuées par les militaires seuls, les saisissants ne supportent pas la retenue du quart pour la caisse des retraites; mais le *sixième*, qui appartenait précédemment au trésor, doit être prélevé sur le produit. (*Lettre admin. du* 6 *août* 1835.)

Saisies faites dans l'intérieur.

717—2036 *bis.* Les règles concernant la répartition du produit des saisies faites dans l'intérieur (voir n° 611 des Suppl.) sont spéciales. Une part de *poursuivant* revient aux *chefs* de service *étrangers à la saisie*, lorsqu'ils ont donné des soins au jugement de l'affaire; ils sont admis au partage concurremment et pour une portion égale, avec les chefs des saisissants du grade correspondant. (*Déc. min. du* 6 *octobre* 1837; *circ. du* 16 *octobre suiv.*, *n°* 1654.)

Receveur dépositaire et poursuivant.

718—2036 *bis.* Lorsqu'il existe deux receveurs dépositaires, dont l'un a obtenu un jugement et l'autre a conclu une transaction avec le prévenu, la portion afférente au dépôt doit être divisée par égale portion entre chacun des titulaires. Quant à celle réservée au *poursuivant* (un quart à ce titre et un quart comme stipulant) elle revient de droit à celui qui a obtenu le jugement, soit que son successeur ait conclu ou non une transaction. (*Lettre admin. du* 14 *juillet* 1836.)

DÉCIME SUR LES AMENDES ET CONDAMNATIONS PÉCUNIAIRES.

719—2036 *ter.* Il est perçu, au profit du trésor public, un décime par franc, en sus des amendes et condamnations pécuniaires prononcées en matière de douanes. (*Loi du* 6 *prairial an* 7, *art.* 1er.)

Les amendes encourues pour contravention aux lois sur les *sels* en sont passibles. (*Déc. minist. du* 9 *février* 1808; *circ. du* 26 *janvier* 1827.)

Le décime est dû également sur les amendes prononcées en matière de *primes*. (*Circ. du* 20 *septembre* 1827, *n°* 1061.)

Il doit être perçu, alors même que les amendes sont volontairement acquittées. (*Circ. du* 9 *novembre* 1802.)

Le décime par franc est dû sur les sommes payées par suite de *transactions* sur les contraventions aux lois de douanes et à celles qui concernent l'impôt du sel, pour tenir lieu, soit des amendes, soit des doubles et triples droits encourus (*Déc. min. du* 21 *août* 1832; *circ. du* 22, *n°* 1343.)

Dans toute infraction qui entraîne la confiscation de la marchandise, la somme payée par transaction tient lieu, jusqu'à due concurrence, de cette confiscation; le surplus, si la somme payée excède cette première valeur, supporte le prélèvement du décime additionnel.

Avant toute division il faut imputer sur les sommes payées le montant des frais de justice, en y ajoutant la gratification de capture revenant aux saisissants. (*Circ. du* 6 *décembre* 1832, *n°* 1357.)

On ne doit pas assujétir au décime les sommes qui proviennent, soit de la vente des moyens de transport abandonnés en nature, soit de la consignation faite par les prévenus pour en obtenir la remise provisoire. (*Circ. du* 12 *décembre* 1836, *n°* 1586.)

TITRE XVIII.

ADMISSION DANS LES BUREAUX ET DANS LES BRIGADES.

ADMISSION DANS LES BUREAUX.

720—2040. Les aspirants au surnumérariat qui, ayant servi militairement, se présentent dans la première année de leur congé, peuvent être admis dans l'administration après l'âge de vingt-quatre ans. (*Déc. admin. du* 7 *mars* 1836.)

721—2042. Les postulants qui demandent à être reçus en qualité de surnuméraires sont tenus de produire leur acte de naissance. Cette pièce doit être remise aussi par les brigadiers qui sont pourvus d'un emploi de bureau. (*Lettre admin. du* 17 *mai* 1834.)

722—2043. Un postulant au surnumérariat est tenu de justifier qu'il n'est atteint d'aucune infirmité. Le directeur donne l'assurance à l'administration, en transmettant le procès-verbal d'examen, que la justification de non-infirmité a été complète. (*Déc. admin. du* 26 *décembre* 1836.)

ADMISSION DANS LES BRIGADES.

723—2049. Les directeurs des douanes sont autorisés à admettre dans les brigades de leur direction, en qualité de préposés, les militaires qui se présentent avec un congé illimité. (*Lettre admin. du* 25 *juin* 1835.)

724—2050. Ils peuvent recevoir comme matelot, pour faire le service à bord des embarcations de douanes, des individus âgés seulement de dix-huit ans. (*Lettre admin. du* 27 *septembre* 1828.)

DÉMISSIONS, RÉVOCATIONS.

725—2051. Un individu démissionnaire ne doit être réadmis qu'en vertu d'une autorisation spéciale de l'administration. C'est le directeur sous lequel il a servi, et auquel il doit d'abord s'adresser, qui, s'il le juge convenable, transmet sa demande de réadmission. (*Circ. du* 27 *février* 1823, *n°* 788.)

726—2056. Lorsqu'un préposé quitte le service par suite de révocation, il lui est fait une notification régulière de quitter le rayon conformément à l'engagement qu'il a contracté. (Voir n° 2056.) Toutefois, s'il est reconnu que la présence de ce préposé dans les lignes est sans inconvénient, on peut s'abstenir de lui faire cette notification. (*Lettre admin. du* 19 *septembre* 1820.)

727—2058. Les directeurs doivent prononcer la révocation de tout préposé dont la démission a été donnée à la suite de circonstances qui étaient de nature à amener son renvoi des brigades, et seulement pour éviter que ce renvoi ne fût prononcé. (*Lettre admin. du* 29 *août* 1822.)

Mise en jugement.

728—2068 *bis*. Lorsqu'il s'agit de la réparation d'un fait relatif aux fonctions d'un préposé, ce n'est pas lui, mais bien son administration qui peut être actionnée comme civilement responsable. *En toute hypothèse*, cette action, même en matière de responsabilité purement civile, ne peut être intentée contre un préposé sans l'autorisation préalable du gouvernement. (*Jugem. du trib. civil d'Hazebrouck, du* 15 *juillet* 1837; *circ. du* 19 *octobre suiv., n°* 1657.)

TITRE XIX.

OBLIGATIONS PARTICULIÈRES DES EMPLOYÉS, ET AVANTAGES DONT ILS JOUISSENT.

Obligations diverses.

729—2085. Lorsqu'un comptable tient les fonds de sa recette dans une caisse placée au rez-de-chaussée, il est tenu d'avoir les ouvertures de ce rez-de-chaussée solidement grillées. (*Circ. du* 21 *mai* 1802.)

Sauve-garde.

730—2095. Les personnes qui troublent les préposés des douanes dans l'exercice de leurs fonctions, ou s'opposent, de quelque manière que ce soit, à ce qu'ils remplissent les devoirs pour lesquels ils sont commissionnés, sont passibles d'une amende de 500 fr. (Voir n° 341.) (*Lois des* 22 *août* 1791, *art.* 14, *titre* 13*; et* 4 *germinal an* 2, *art.* 2, *titre* 4.)

731—2095 *bis*. L'amende de 500 fr. encourue dans le cas prévu à l'article qui précède peut être cumulée avec celle prononcée par l'article 51 de la loi du 28 avril 1816, lorsque, dans une seule et même affaire, il y a réunion de deux délits distincts, savoir : le fait de contrebande, et l'opposition à l'exercice des fonctions des préposés. (*Arrêt de la cour royale de Grenoble, du* 9 *juin* 1836; *circ. du* 17 *mars* 1837, *n°* 1608; *jugem. du trib. de Douai, du* 15 *avril* 1837; *circ. du* 1er *juin suiv., n°* 1626.)

732—2096 *bis*. Aucun préposé ne peut être poursuivi, pour des faits qui se rattachent à ses fonctions, qu'en vertu d'une décision du conseil d'état. (*Acte constitutionnel du* 22 *frimaire an* 8, *art.* 75.)

S'il s'agit de la réparation d'un fait relatif à ses fonctions, ce n'est pas lui, mais bien son administration qui peut être actionnée comme civilement responsable. (*Jugem. du trib. civil d'Hazebrouck, du* 15 *juillet* 1837; *circ. du* 19 *octobre suiv., n°* 1657.)

Saisie des appointements.

733—2108. Lorsqu'il s'agit de dettes contractées par des préposés de brigades, pour logement, nourriture, etc., ces dettes peuvent être acquittées d'office, soit sur leurs appointements, soit sur leur actif de masse ou sur leurs parts de saisies. (*Lettre-admin. du* 11 *novembre* 1833.)

734—2108. Quand il arrive que des créanciers ont obtenu judiciairement des saisies-arrêts sur les appointements des employés, ce n'est point à l'administration à régler ce qui revient à chacun ; c'est à ces créanciers à obtenir un nouveau jugement qui règle la proportion d'après laquelle chacun doit être admis au partage. (*Lettre du* 31 *octobre* 1835.)

Franchise et contre-seing.

735—2116. Le contre-seing des receveurs subordonnés opère la franchise pour leur correspondance *sous bandes*, entre eux, dans la direction à laquelle ils appartiennent, et avec leurs collègues dans les directions limitrophes, mais seulement pour la correspondance entre receveurs de bureaux contigus. (*Circ. du* 22 *juillet* 1837, *n°* 1640.)

Indemnités et gratifications.

736—2120. Lorsque, dans une saisie, il s'agit de régler la gratification à allouer aux préposés pour frais de capture, et qu'il y a discordance, quant au nombre des fraudeurs, entre celui indiqué par le jugement et celui porté au procès-verbal, c'est toujours d'après l'emprisonnement prononcé que la prime doit être calculée. (*Déc. admin. du* 17 *décembre* 1837.)

TITRE XX.

MATÉRIEL.

EMBARCATIONS ET OBJETS MOBILIERS.

737—2126. Le directeur doit faire former chaque année, pour être adressé à l'administration, un relevé des objets mobiliers hors de service qui ont été cédés ou échangés en atténuation du prix de nouvelles fournitures. (*Lettre admin. du* 3 *juin* 1830.)

738—2129 *bis*. S'il s'agit d'achat de voiles pour les embarcations, le devis à présenter à l'administration doit indiquer l'espèce de toile, ses dimensions, l'aunage et le prix de l'aune. (*Lettre admin. du* 14 *mars* 1833.)

Nota. Aux titres cités à l'article 2129, il faut ajouter : *Déc. admin. du* 6 *mars* 1833.

739—2132. Lorsqu'une dépense dont l'ordonnancement est demandé se trouve accompagnée de plusieurs mémoires ou quittances, on doit y joindre un bordereau. (*Lettre admin. du* 31 *janvier* 1834.)

Nota. Un double du devis doit être annexé aux mémoires transmis à l'administration. (*Lettre admin. du* 4 *juin* 1830.)

740—2132 *bis*. Les frais relatifs au nettoyage des tuyaux de poêle et au ramonage des cheminées dans les bureaux des douanes, doivent être supportés par les receveurs. (*Lettre admin. du* 3 *décembre* 1831.)

Les dépenses pour illuminations, les jours de fêtes publiques, ne sont pas non plus à la charge de l'administration. (*Déc. admin. du* 13 *novembre* 1832.)

741—2135. Dans les devis ou marchés à passer avec les fournisseurs ou marchands, la valeur des objets devenus inutiles au service, vient en déduction du prix des nouvelles fournitures faites ; mais la valeur des objets cédés doit être simultanément portée en *recette* et en *dépense*. (*Déc. min.; circ. du* 30 *juin* 1837, n° 1634.)

Nota. La forme du décompte à établir au pied des devis et mémoires est donnée par la circulaire n° 1634. (Voir, quant à ce qui concerne la comptabilité, les dispositions rappelées au n° 750 des Suppléments.)

742—2140 *ter*. Les contrôleurs de brigades tiennent, comme les receveurs principaux, un compte de tous les registres et impressions qu'ils ont reçus et distribués. Les inspecteurs sont tenus de s'assurer, dans leurs tournées, que les quantités présentées comme restant en magasin y existent réellement. (*Circ. du 23 septembre 1831.*)

Nouvelles formules établies.

743—2141. Série M, n° 35. Déclarations de sortie pour la réexportation.

TITRE XXI.

SERVICE DANS LES DÉPARTEMENTS.—BUREAUX.

RECEVEUR PRINCIPAL.

Livre-journal.

744—2155. Les receveurs principaux peuvent, lorsque le directeur le juge nécessaire, recevoir, jour par jour, le prix des timbres des commissions, des sujets nouvellement admis dans les brigades. Dans ce cas, ils mentionnent journellement cette recette à leur livre-journal. L'état nominatif mensuel continue à leur être fourni pour être joint aux relevés des droits liquidés qu'ils ont à produire à la cour des comptes. (*Circ. de la compt. gén. du 15 décembre 1836, n° 112.*)

Les mêmes comptables font recette jour par jour du prix des brevets de francisation des bâtiments; cette recette figure dans leur comptabilité, sous le titre *Recouvrement du prix des brevets de francisation des navires.* (*Circ. de la compt. gén., du 10 janvier 1833.*)

Droits constatés par suite de contravention aux lois.

745—2173. Les produits de confiscations, et ceux d'amendes et doubles droits, sont classés parmi les *contributions et revenus publics ;* le chapitre des dépenses intitulé *Prélèvement sur le produit des amendes et confiscations* est augmenté de deux articles, l'un pour les *restitutions*, l'autre pour l'*application au remboursement des frais.* (*Circ. de la compt. gén., du 15 décembre 1836, n° 112.*)

746—2173. Les droits d'entrée sur les marchandises vendues pour la consommation, qui se trouvent compris dans le prix d'adjudication ; les sommes reçues par transaction à titre spécial de remboursement de frais, et celles à prélever pour primes de capture, sur les sommes stipulées dans les transactions, doivent être portés immédiatement aux chapitres auxquels ils appartiennent. (*Même circ.*)

747—2173. Tous les paiements effectués sur le produit des amendes et confiscations sont enregistrés à l'exercice courant, et au moment où ils ont lieu. (*Même circ.*)

748—2174. Page 302, cinquième ligne. Après les mots : minimum de 600 francs, ajouter : pour les douanes, ou de 300 francs pour les sels.

Dépenses publiques.

749—2176. Les traitements et remises de tous les agents de l'administration sont portés *pour le brut* dans les ordonnances ou mandats, et il y est fait mention spéciale des retenues à exercer au profit de la caisse des retraites. Les comptables chargés d'acquitter ces ordonnances et mandats doivent les porter en dépense pour leur montant intégral, et ils se chargent en recette des retenues opérées, au crédit d'un compte particulier ouvert, par exercice, à la caisse des dépôts et consignations (service des retraites). (*Arrêté minis. du* 29 *octobre* 1837; *circ. n°* 1667.)

Les états détaillés, ou inventaires des pièces de dépenses, adressés chaque mois à la comptabilité générale des finances, présentent dans des colonnes spéciales, le montant des retenues de toute nature exercées au profit de la caisse des retraites; les totaux de ces colonnes doivent exprimer des sommes égales à celles dont les comptables ont fait recette pendant le mois. (*Mêmes arrêté et circulaire.*)

750—2176. Lorsque, dans les devis ou marchés, la valeur d'objets reconnus hors de service est reprise en échange de nouvelles fournitures, le prix des objets ainsi cédés est indiqué sur les devis ou mémoires; la dépense est inscrite dans les écritures et bordereaux pour le brut, c'est-à-dire sans défalcation de la valeur des articles échangés, laquelle est portée en recette sous le titre : *Valeur d'objets réformés, repris en échange par les fournisseurs.* (*Lettre de la compt. gén., du* 15 *juillet* 1837, *n°* 127.)

Produits du plombage.

751—2179. Les commis adjoints qui concourent au travail de la balance du commerce continuent à jouir, dans la répartition du produit des plombs, du quart de part qui leur a été précédemment alloué. (*Déc. admin. du* 19 *janvier* 1837.)

Dépenses des anciens exercices.

752—2179 *bis*. Les receveurs principaux doivent ouvrir dans leur compte annuel un chapitre spécial sous le titre de *Dépenses des exercices clos*, et un autre chapitre pour les mêmes dépenses *appartenant aux exercices périmés non frappés de la déchéance que prononce la loi du* 19 *janvier* 1831 (art. 9 et 10). Au premier de ces chapitres sont classées les dépenses qui, ayant été constatées dans le cours de cinq années à partir de l'ouverture des exercices qu'elles concernent, sont payées avant l'expiration de la sixième année; au second figurent celles constatées postérieurement à l'expiration de la période quinquennale et celles qui, l'ayant été antérieurement, n'ont pu être acquittées qu'après la sixième année. (*Lettre de la compt. gén., du* 15 *décembre* 1836, *n°* 112.)

Justification des recettes et dépenses concernant les amendes et confiscations.

753—2179 *bis*. Les recettes et les dépenses effectuées par les receveurs sur les amendes et confiscations, et que ces derniers comprennent dans leur compte annuel, se justifient par des états certifiés, auxquels sont annexés, savoir : *pour les recettes :*

1° Les actes constatant les consignations;

2° Les procès-verbaux d'adjudication appuyés des titres en vertu desquels les objets saisis ont été vendus, et les procès-verbaux d'estimation des tabacs et des poudres à feu, livrés à l'administration des contributions indirectes ou aux arsenaux;

3° Les actes de transaction.

A l'égard *des dépenses,*

1° Pour les *restitutions* (art. 1er),

Le mandat de paiement;

Les copies des décisions administratives qui autorisent les restitutions;

Les quittances des parties prenantes, ou, dans les cas prévus par le 3e paragraphe de la circulaire du 21 décembre 1835, nos 94-30, les récépissés de versements à la caisse des dépôts et consignations.

2° Pour *les applications des produits au paiement des frais, lorsque le produit est égal aux frais* (art. 2),

Le mandat de paiement;

La chemise n° 60 renfermant l'état du produit arrêté par le comptable, et revêtu d'un certificat de l'inspecteur, indiquant la date et le numéro du journal sous lesquels il en a été fait recette, selon la formule inscrite sur les états de répartition, et énonçant en outre qu'il a été fait reprise en recette au chapitre des avances à titre de remboursemens des frais;

L'état détaillé des frais appuyé des quittances, et enfin toutes les autres pièces indiquées sur la chemise n° 60 dont la production n'a pas été faite à l'appui de la recette.

3° Pour *les applications des produits au paiement des frais, lorsque ceux-ci excèdent le produit* (art. 2),

Le mandat de paiement;

Les certificats de renvoi aux liquidations des frais tombés à la charge du trésor.

4° Pour *les répartitions* (art. 3);

Les pièces précédemment exigées, à l'exception de celles qui ont été produites à l'appui des recettes. Toutefois les répartitions doivent toujours être accompagnées du procès-verbal constatant l'infraction, et de l'acte de transaction en copie, si ce n'est en original. La chemise n° 60 doit contenir l'inventaire de toutes les pièces justificatives, sauf à indiquer, pour les unes, qu'elles y sont jointes, et pour les autres, qu'elles ont été précédemment fournies. (*Circ. de la compt. gén., du* 15 *décembre* 1836.)

Etats de commerce.

754—2202. Il est formé chaque mois, par les receveurs principaux, deux tableaux (l'un pour l'entrée, l'autre pour la sortie) des principales marchandises importées, exportées et existant en entrepôt. Ces deux tableaux sont rédigés conformément aux modèles joints à la circulaire n° 1666. Ils sont adressés directement à l'administration (quatrième division), avant le 15 de chaque mois. Les inspecteurs et les sous-inspecteurs s'assurent qu'ils sont formés avec exactitude. (*Circ. du* 29 *décembre* 1837, *n°* 1666.)

Etats de cabotage.

755—410 des Suppl. Afin de constater le nombre et le tonnage des navires employés au transport des marchandises de cabotage, il est formé dans chaque bureau un état (série E, n° 2) des bâtiments chargés ou sur lest partis de chaque port à destination des différens ports de France. (Voir n° 920 *bis*.) (*Circ. du* 5 *janvier* 1837, *n°* 1597.)

Nota. Voir, pour les cahiers de dépouillement à tenir des marchandises expédiées, et pour les relevés à former par semestre et par année, la circulaire du 18 octobre 1837, n° 1656.)

Commis principal à la navigation.

756—2204. La rétribution à percevoir pour l'expédition des rapports de mer est maintenue à 1 franc 50 cent. par rôle; mais chaque rôle doit avoir 25 lignes à la page et 15 syllabes à la ligne. (Voir n° 457 des Supp.) (*Circ. du* 27 *juillet* 1837, *n°* 1641.)

L'employé qui est adjoint à un commis principal à la navigation, ou celui attaché à un bureau subordonné, est fondé à demander à faire l'expédition des rapports de mer reçus à la douane, afin d'établir par là ses droits à la moitié de la rétribution accordée pour cette expédition. (*Lettre admin. du* 16 *août* 1837.)

TITRE XXII.

SERVICE DANS LES DÉPARTEMENTS. — BRIGADES.

MASSE D'ÉQUIPEMENT.

757—2272. La retenue à supporter par les préposés à demi-solde sur leur traitement, afin de pourvoir à leur équipement, est de la moitié de celle que supportent les préposés à solde entière. (*Lettre admin. du* 10 *septembre* 1835.)

758—2272 *ter*. La retenue à exercer pour la masse d'équipement devant s'effectuer *par mois*, il n'y a pas lieu à la prélever sur les appointements d'un préposé qui quitte le service dans le courant d'un mois. (*Lettre admin. du* 1er *octobre* 1836.)

759—2275. Les marchés passés avec des fabricants ou marchands pour la fourniture des effets d'habillement des employés des douanes ne doivent être soumis à l'approbation de l'administration qu'autant qu'il s'agit d'effets *confectionnés en draps*. (*Lettre admin. du* 11 *mars* 1837.)

Prix de vente des effets.

760—2277. *Nota.* Par l'effet de nouveaux marchés passés avec des fournisseurs dans la plupart des directions, les prix des ventes portés comme maximum à cet article ont éprouvé des modifications qui exigeront que le tableau soit changé. On donnera le tableau modifié lorsqu'il paraîtra.

TITRE XXIV.

DIRECTEURS.

SERVICE DE CASERNEMENT.

761—2322. A partir du 1er janvier 1838, les pièces justificatives des recettes et dépenses concernant le service de casernement des préposés des douanes doivent être annexés aux comptes spéciaux annuels que les directeurs rendent à l'administration, afin que ces comptes et pièces soient soumis à la cour des comptes. (*Circ. du* 17 *octobre* 1837, *n°* 1655.)

SERVICE DE SANTÉ.

762—2323. Les pièces justificatives des recettes et dépenses relatives au service de santé établi pour les brigades des douanes doivent être annexées aux comptes spéciaux annuels rendus par les directeurs à l'administration, afin que ces comptes et pièces à l'appui soient soumis à la cour des comptes. (*Circ. du* 17 *octobre* 1837, *n°* 1655.)

DÉBETS DE COMPTABLES ET TRAITES EN SOUFFRANCE.

763—2326. En cas de faillite d'un redevable, le directeur doit adresser à l'administration, dans les huit jours du compte-rendu de cette faillite, tous les renseignements propres à éclairer le ministre sur la responsabilité que doit encourir le receveur qui a concédé le crédit. (*Circ. des* 22 *février* 1831, *n°* 1248, *et* 7 *juillet* 1837, *n°* 1638.)

Nota. Les points sur lesquels doivent porter les investigations, et que le directeur a à discuter dans son rapport, sont indiqués au n° 502 des Suppléments.

PERSONNEL.

764—2329. Les directeurs ont à transmettre les feuilles de signalement des employés de bureaux et de brigades à ceux de leurs collègues sous les ordres desquels passent ces employés lorsqu'ils quittent la direction. Ils y joignent les pièces appartenant à chaque agent, avec un extrait des notes données à l'administration. (*Circ. manusc. du* 25 *juillet* 1833.)

TITRE XXVI.

DOUANES ÉTABLIES HORS D'EUROPE.

ALGÉRIE.

CABOTAGE.

765 { 2347 / 2362. Les transports entre la France et les possessions françaises du nord de l'Afrique, et les transports par cabotage d'un port à un autre desdites possessions, peuvent s'effectuer par navires *étrangers*. Ces navires, toutefois, sont soumis au paiement des droits de navigation fixés par l'ordonnance du 11 novembre 1835. (*Ordonn. du* 23 *février* 1837 ; *circ. du* 11 *mars suiv.*, *n°* 1605.)

MARCHANDISES EXPÉDIÉES DE FRANCE POUR LE NORD DE L'AFRIQUE.

766—2353 *bis*. Les marchandises expédiées de nos ports pour les possessions françaises du nord de l'Afrique par les départements de la guerre ou de la marine, ou par des personnes chargées du service de l'armée, sont affranchies du paiement des droits de sortie. (*Lettre au directeur de Toulon*, *du* 19 *octobre* 1837.)

TABLE ALPHABÉTIQUE.

A

B

C

D

E

F

G

H

I

J

L

M

Q

R

S

T

V

www.ingramcontent.com/pod-product-compliance
Ingram Content Group UK Ltd.
Pitfield, Milton Keynes, MK11 3LW, UK
UKHW020327220726
13923UKWH00003B/1406